Scrittori / *Serie gialla*
174

Collana Scrittori

ultime uscite

140. Pola Oloixarac, *Ritratto di giovane donna con mostri*
141. Rosa Montero, *La buona fortuna*
142. Giovanni Greco, *Bruciare da sola*
143. Karin Smirnoff, *Mio fratello*
144. Marta Orriols, *Dolce introduzione al caos*
145. María Oruña, *Quel che la marea nasconde* (serie gialla)
146. Gaston Leroux, *Il mistero della camera gialla*
147. Domingo Villar, *Occhi d'acqua* (serie gialla)
148. Leo Giorda, *L'angelo custode* (serie gialla)
149. Marcin Wicha, *Cose che non ho buttato via*
150. Margaret Atwood, *La vita prima dell'uomo*
151. Francesco Permunian, *Elogio dell'aberrazione*
152. Cinzia Bomoll, *La ragazza che non c'era* (serie gialla)
153. Ariana Harwicz, *Baci all'inferno*
154. Ritanna Armeni, *Il secondo piano*
155. Philippe Claudel, *Dopo la guerra*
156. Michela Monferrini, *Dalla parte di Alba,*
157. Francesca Sensini, *La trama di Elena*
158. Francesco Pecoraro, *Solo vera è l'estate*
159. Margaret Atwood, *La donna che rubava i mariti*
160. César Pérez Gellida, *Schegge nella pelle* (serie gialla)
161. María Oruña, *Il porto segreto* (serie gialla)
162. Daniela Ranieri, *Tutto cospira a tacere di noi*
163. Benoît Philippon, *La centenaria con la pistola*
164. Emanuele Trevi, *La casa del mago*
165. Sandra Newman, *Gli uomini*
166. Cinzia Bomoll, *Non dire gatto* (serie gialla)
167. Margaret Atwood, *Vecchi bambini perduti nel bosco*
168. Ana Martínez Muñoz, *Il killer a luci rosse* (serie gialla)
169. Leo Giorda, *L'età dell'oro* (serie gialla)
170. Maria Oruña, *Un posto dove andare* (serie gialla)
171. Frédéric Richaud, *Mostri (per correzione elenco, eventuale ristampa)*
172. Enrico Brizzi, *La leggenda di Anita*
173. Deborah Gambetta, *Incompletezza*
174. Jacques Bonnet, *La questione del metodo* (serie gialla)
175. Ann Patchett, *Tom Lake*

JACQUES BONNET

LA QUESTIONE DEL METODO

Un'indagine di Giordano Bruno

Traduzione di
Francesco Bruno

PONTE ALLE GRAZIE

Titolo originale
À l'enseigne de l'amitié

L'editore e l'autore ringraziano Sylvie Gillet per la sua partecipazione alla pubblicazione di quest'opera.

Prima edizione: ottobre 2003
Seconda edizione: marzo 2011
Nuova edizione: aprile 204

Progetto grafico della collana «Scrittori»: ushadesign
Progetto di copertina: *the*World*of*DOT

Ponte alle Grazie è un marchio
di Adriano Salani Editore s.u.r.l.
Gruppo editoriale Mauri Spagnol

Il nostro indirizzo internet è www.ponteallegrazie.it
Seguici su Facebook e su Twitter (@ponteallegrazie)
Per essere informato sulle novità
del Gruppo editoriale Mauri Spagnol visita:
www.illibraio.it

ISBN 979-12-5582-019-2

PROLOGO

> *«Chissà che tutta la felicità e la vera beatitudine non siano nella giusta disposizione di copule e apposizioni dei membri della frase.»*
>
> Giordano Bruno, *De la causa, principio et uno.*

Questa pubblicazione è l'esito di un progetto che risale a oltre trent'anni fa. Perché tanti anni? Soprattutto perché questo lavoro di storico della domenica è stato fatto contemporaneamente ad attività professionali spesso impegnative. E il progetto intravisto all'inizio era forse troppo ambizioso. Ma non soltanto. Difatti, questa impresa ha assunto un posto particolarissimo nella mia vita; è diventata un giardino appartato, una camera segreta che in tutti questi anni mi è stata molto utile per superare i brutti momenti. Una sorta di stanza impenetrabile ai rumori del mondo, come insonorizzata dagli scaffali di libri, dalle pile di cataloghi e dalle schede piene di appunti. Lavorare a questo testo mi ha protetto dalle freddezze dell'esistenza, quelle che penetrano fino all'osso dell'anima. Inconsciamente, ho prolungato l'esercizio il più possibile per non perdere questo rifugio ospitale. Finire questo lavoro significava girare per l'ultima volta la chiave nella serratura prima di buttarla in fondo al pozzo.

Pubblicarlo, è vero, offre la soddisfazione di raggiungere il solo scopo che valga: quello che ci si è prefissati. Significa anche avere la sensazione sgradevole, dal gusto un po' metallico, di qualcosa che non tornerà più, mentre la vita continuerà comunque.

Ai primi del mese di luglio del 1972 terminai gli studi di diritto e di storia che avevo affrontato per quattro anni. Probabilmente avevo trovato un certo equilibrio mentale in quella duplice attività: da un lato, la meccanica ingegnosa e spesso un po' vana del diritto, dall'altro la sgomentante libertà di poter scavare in un passato senza limiti per ricostruirne degli stralci... e la soddisfazione intellettuale di vedere a volte congiungersi e completarsi stranamente i due diversi campi. Devo anche aver voluto punirmi per non aver nemmeno tentato di presentarmi a qualche concorso, scacciando grazie a un sovraccarico di lavoro un forte senso di colpa. I miei due diplomi in tasca, ero più che deciso a continuare gli studi di storia. Non sapevo che a partire dall'anno successivo i casi della vita mi avrebbero fatto diventare consulente legale nell'industria chimica, funzione che svolgo ancor oggi.

In ogni caso, avevo deciso di iniziare in autunno un dottorato di storia e, per raccogliere la documentazione per la tesina che avevo in mente («L'arte libraria parigina sotto gli ultimi Valois») avevo lasciato Tolosa per trasferirmi a Parigi per due mesi e mezzo in casa di mio cugino Jean-François. Lui abitava con la moglie e un figlio neonato in un comodo appartamento a poche vie dal parco Montsouris. Arrivai durante un finesettimana e il lunedì ero già sul piede di partenza in rue de Richelieu. In capo a qualche giorno, avevo già le mie abitudini. Ero alla Biblioteca Nazionale al momento dell'apertura per essere sicuro di occupare il «mio» posto. Prendevo poi un caffè all'angolo di rue des Petits-Champs, e dopo passavo le giornate nelle botteghe di rue Saint-Jacques degli anni attorno al 1570, a studiare i cataloghi di Thomas Belot o della vedova Guillard e a sfruttare al meglio i preziosi lavori di Renouard, Claudin, o Pichois e Vicaire. Ovviamente, non avevo scelto a caso né l'argomento – la nascita dell'editoria mi affascinava – né il periodo agitato delle guerre di religione durante il quale la stampa ebbe un'importanza cruciale. La sera, le suole ancora insozzate dalla sporcizia dei vicoli parigini tanto malfamati quanto mal pavimentati, la mente ingombra delle tante edizioni di Cicerone, Seneca o San Tommaso d'Aquino, uscivo al fine di non turbare la quiete domestica dei miei ospiti. Non avevo, va detto, alcuna propensione alla vita famigliare, appesantito per l'occasione dai balbettii e dalle prime manifestazioni d'intelligenza di Sébastien, allora di cinque o sei mesi. Non ho mai capito bene, e men che mai oggi, il fascino esercitato sui giovani genitori dalle più banali reazioni del loro rampollo. Eppure Montaigne scriveva, già qualche secolo fa: «Non riesco a comprendere quella passione che attornia i bimbi appena nati che non hanno né moti dell'animo né forma riconoscibile del corpo con cui possano rendersi amabili».

Uscivo dunque ogni sera, aspettando pazientemente il 14 luglio che avrebbe visto partire la famigliola causa villeggiatura balneare. A mano a mano che si entrava nell'estate, l'atmosfera alla BN s'internazionalizzava. Dopo il Giappone, il Brasile o gli Stati Uniti, gli universitari approdavano in rue Richelieu per affrontare nell'umidore parigino i rappresentanti di un'amministrazione che non aveva ancora imparato a trattare i suoi utenti come dei clienti. Il personale della BN, ritenendosi più proprietario che depositario dei milioni di volumi immagazzinati, non poteva fare a meno di considerare quei ricercatori come degli scocciatori, per non dire dei vandali. Più l'università d'origine era lontana e più il visitatore sembrava sospetto e la sua estorsione lungamente premeditata.

C'erano anche delle ricercatrici, incanutite dagli anni di un lavoro che si svolgeva il più delle volte al riparo dal sole. Alcune, che avevano appena superato la ventina, erano già alle prese con un dottorato in filosofia, attività che sembrava in contraddizione con la loro età. Ora, dopo alcune avventure che avevano piacevolmente allietato senza troppo sconvolgerlo il corso dei miei studi, ero libero e, diciamo, sentimentalmente disponibile.

Le biblioteche sono luoghi propizi all'osservazione e all'eventuale scambio di occhiate. L'attesa delle opere richieste, la fantasticheria laboriosa, la complicità di fronte alle incoerenze amministrative, gli incontri imprevisti alla fotocopiatrice o nella sala dei cataloghi, senza dimenticare quelli, tanto più notevoli in quanto fuori scena, sulla via mattutina della BN o crepuscolare del ritorno a casa. Il fatto di passare giornate intere a lavorare, e meditare, nello stesso posto crea un'atmosfera d'intimità che in caso di attrazione fisica può diventare preoccupante.

Fra le poche giovani la cui assiduità in quel luogo austero sembrava incongrua, m'incuriosiva un'americana dai lunghi capelli castani che cadevano sciolti o, secondo i giorni, erano giudiziosamente raccolti in chignon. Non riuscivo a decidere se era graziosa o no. Lei finì col percepire il mio interesse, anche se io evitavo che le mie occhiate fossero troppo esplicite. Difatti, non sapevo proprio quel che volevo e non ero in vena di conquiste. In ogni caso avevo preso l'abitudine, fin dall'arrivo, di controllare se c'era e non mi esimevo, se era di schiena, e se era giorno di chignon, di guardare deliziato la sua nuca ricciuta. Rispettosissimo della casualità, non mi venne in mente di abbordarla. Non so se sarebbe andata avanti così tutta l'estate, ma il fato ci mise lo zampino. Passavo le domeniche mattina al primo piano del Cluny, grande bar desueto all'angolo tra i boulevard Saint-Michel e Saint-Germain, oggi trasformato in penosa pizzeria industriale, e allora rifugio degli studenti alloggiati male, degli universitari bisognosi di quiete, degli psicanalisti fomentanti un'ennesima scissione e degli amanti della discrezione. Il tavolo che occupavo quel giorno si trovava di fronte alla scala e lì sfogliavo, più che leggere veramente, giornali e riviste trascurati durante la settimana, quando la mia americana apparve in cima agli scalini, mi vide come la vidi io, venne al mio tavolo e si sedette davanti a me, pronunciando queste parole incise per sempre nella mia memoria: «E se ora parlassimo?»

Decisamente, i suoi modi mi piacevano molto, e parlammo, e non ci limitammo a questo. Lei era newyorchese, aveva ventitré anni, studiava ad Harvard e faceva un dottorato su «Apollinaire critico d'arte». Aveva praticato il francese con una suocera di origine borgognona, e aveva lasciato dall'altra parte dell'oceano un fidanzato di cui tra noi si parlò ben poco e che per tutta l'estate si palesò con una lettera settimanale cui Sarah rispondeva con la stessa regolarità. Mi chiedo d'altronde cosa mai poteva raccontargli d'innocente, dal momento che di lì a poco passavamo quasi tutto il nostro tempo insieme. Eccettuate le ore della biblioteca, dove poche decine di metri separavano i nostri posti rispettivi, le nostre due vite erano strettamente intrecciate. Trascorrevamo le notti nel suo bilocale in rue Bonaparte, le serate nei cinema d'arte e d'essai del quartiere, cenavamo in qualche osteria del Marais e nel finesettimana percorrevamo Parigi in lungo e in largo. Le notti erano appassionate e ammantavano le nostre giornate di una sorta di languore ovattato che la realtà pareva dover attraversare per arrivare con qualche sforzo fino a noi.

Non conoscevo nessuno a Parigi e paradossalmente era Sarah la straniera che, grazie alla famiglia del fidanzato e alla rete degli americani in esilio più o meno temporaneo, provocava le rare occasioni di vita sociale. L'estate fu dunque disseminata di cene e di *five o'clock* dove si radunava una fauna eterogenea di americani che risiedevano in Francia da parecchi anni, studenti di Yale o di Cornell in cimbali, artisti in cerca d'ispirazione nello spaesamento, inviati di giornali ricchi di futuro e giovani donne venute ad affinare la pratica dei loro fremiti.

Una delle prime persone che conobbi fu una vecchia signora eccentrica dalla lingua sciolta, dal bicchiere facile e dalla conversazione irriverente anzichenò. Ingrid Boettischer abitava a Parigi dal 1950 senza che io abbia mai saputo con certezza la ragione di quell'esilio. Sospettavo un'attrazione per una libertà agognata e dei costumi non necessariamente ortodossi verso i quali la vecchia Europa, contrariamente all'America puritana dell'epoca, mostrava un'indulgenza che sconfinava nel disinteresse. Abitava in rue Descartes in un appartamentino ingombro, vivendo di rendite che andavano visibilmente assottigliandosi, e aveva trascorso quei due decenni a visitare il Vecchio Continente in tutti i suoi recessi. Quando seppe qual era l'oggetto delle mie ricerche, m'invitò a casa sua per vedere un libro che poteva interessarmi. Un lembo di parete del suo salotto ospitava una libreria di letteratura francese e inglese contemporanea, per lo più in edizione tascabile. Uno scaffale strideva, occupato com'era da volumi rilegati: «Questi libri erano di mio nonno, li ho ricuperati quando hanno svuotato l'appartamento dopo la sua morte».

Si trattava infatti di edizioni di classici tedeschi del XIX secolo che andavano da Goethe e Schiller a Fontane. Una delle rilegature recava sul dorso un'etichetta tonda con numeri e lettere. Proveniva evidentemente da una biblioteca. Era il volume che lei voleva mostrarmi. Sul frontespizio, il timbro della Sächsische Landesbibliothek di Dresda e l'indicazione dell'editore non lasciavano dubbi di sorta: *In Pariggi, Appresso Guglielmo Giuliano. Al segno de l'Amicitia, 1582.*

Si trattava proprio di una copia dell'edizione originale del *Candelaio* di Giordano Bruno. «So chi è Bruno» mi disse lei, «ma è scritto in un italiano antico che io non riesco a leggere. E, del resto, quando mi è venuta la curiosità di scorrerne una traduzione francese, l'ho trovata proprio barbosa.» Ho saputo che Boettischer nonno era arrivato bambino in America attorno al 1880, con i genitori, e che quei libri rilegati erano appartenuti a suo padre. La loro presenza sugli scaffali di Ingrid non li destinava a essere letti, ma era come l'ultima traccia tangibile delle origini europee della famiglia Boettischer.

Soltanto dopo essere uscito da casa di Ingrid capii ciò che lei non mi aveva detto quel giorno. Di fronte alla durezza dei tempi, quella reliquia sentimentalmente preziosissima poteva forse essere oggetto di un volgarissimo scambio con quella cosa anonima, priva di carattere e tuttavia indispensabile che si chiama denaro. Tornai dunque a trovarla la settimana seguente, e le dissi che, dopo averci pensato, quel libro entrava così bene nel quadro dei miei attuali interessi che non resistevo alla voglia di comperarglielo. Lei non sembrò sorpresa della mia proposta e la rifiutò decisamente. Precisai allora la mia offerta dicendole che ero pronto a offrire 3500 franchi. Non avevo la minima idea di quale poteva essere il valore di un'opera simile, ma quella somma rappresentava per me il limite dell'irragionevole consentitomi dallo stato delle mie finanze. Era anche una somma non indifferente e tale da interessare una Ingrid in strettezze. Del resto, dopo che ebbi detto la cifra, il rifiuto netto si trasformò in una vaga promessa di pensarci su. Me ne andai un po' spaventato dalla mia proposta e senza sapere davvero se mi auguravo che un giorno venisse accettata o se era più utile chiuderla lì. Da un lato, intaccavo il budget dei mesi a venire, dall'altro vedevo in quell'acquisizione un modo di eternare quell'estate di gioie e sorprese, e di serbare qualcosa di quell'«amor di biblioteca» che il tempo avrebbe sicuramente divorato a quattro palmenti. E poi anche, forse, una reazione alla frustrazione di aver visto tutte le opere che mi erano passate tra le mani per settimane raggiungere i tranquilli depositi della BN.

A esser sincero, non mi ero accorto, durante quelle prime visite a Ingrid, che il volume stampato da me sfogliato rapidamente comprendeva un ultimo quaderno scritto con grafia regolare e fitta. L'avrei scoperto in seguito, assieme al fatto che quel testo scritto in latino proseguiva su quello che doveva essere stato un foglio di stampa vergine accuratamente piegato e applicato al risguardo in fine di volume.

Luglio e agosto passavano. Io parlavo di felicità, ma figuratevi: le giornate in una biblioteca, le notti piene di tenerezze ansanti e il resto del tempo dedicato alle nostre due fantasie.

Sarah veniva da una famiglia ebrea di origine polacca o russa o ambedue le cose, non so più bene, emigrata negli Stati Uniti al principio degli anni Venti. Il suo soggiorno a Parigi aveva, al di là delle ragioni universitarie, come un'aura di ritorno alle sue radici europee. Insoddisfatta dell'efficacia innegabile ma un po' vuota dell'America, pareva crogiolarsi con piacere nelle difficoltà della vita francese giorno per giorno. Vivemmo quell'estate parigina in una sorta di armonia d'intelletto, di conversazione e di sensualità che in seguito non ho mai più ritrovato. A volte incontravamo Ingrid, ma non parlavamo mai di Giordano Bruno. Eppure era evidente che lui campeggiava sullo sfondo delle domande che lei mi faceva circa lo svolgimento delle mie ricerche. Era sicuramente divisa tra scrupoli di fedeltà familiare e preoccupazioni finanziarie che da alcuni indizi impercettibili si andavano a mio avviso aggravando.

Verso il 20 agosto m'invitò a prendere l'aperitivo a casa sua. Fu, stavolta, molto diretta. Doveva recarsi urgentemente negli Stati Uniti e aveva bisogno di soldi. Era pronta a cedermi l'opera, anche se era sicura che rivolgendosi a uno specialista ne avrebbe ottenuto molto di più. Nondimeno, per simpatia e comodità, era disposta a non rivolgersi altrove, ma i miei 3500 franchi non bastavano. Dato che i limiti dell'irragionevole sono particolarmente vaghi e dunque facili da estendere, proposi 5000 franchi, precisando che per forza di cose era il mio ultimo prezzo. L'offerta le tolse ogni reticenza di aver ceduto con eccessiva facilità e concludemmo. Tornai l'indomani con una busta contenente i contanti che con eleganza lei non ricontò davanti a me, e portai via l'oggetto. Del testo manoscritto racchiuso nel libro non parlammo mai. La lingua latina aveva, ritengo, respinto Ingrid, e le aveva impedito di prestarvi attenzione.

Ovviamente, non le confidai di aver approfittato

delle giornate alla BN per informarmi circa il soggiorno parigino di Bruno e sapere qualcosa di più sull'opera che ora mi apparteneva. Andai da Sarah con una bottiglia di Barolo per festeggiare il mio acquisto, essendo quel libro, alla fin fine, l'effetto più concreto della nostra «relazione»; il resto era soltanto stoffa di sogno. Guardai allora, e per la prima volta, l'oggetto con un occhio più attento, quello del proprietario, e allora in pochi minuti l'opera che avevo tra le mani cambiò carattere. Credevo di aver acquistato a un prezzo onesto, ma sicuramente al di sotto del suo valore reale, un libro di trecentonovant'anni di età, e sentivo, cominciando a decifrare a una a una le lettere che componevano le parole che componevano le frasi che componevano quel lungo testo, una voce congelata dai secoli e che il mio sguardo pareva riportare in vita. Infatti non si trattava di appunti presi nel XIX secolo da un antenato di Ingrid, né delle memorie insipide di un bibliotecario irriguardoso del XVIII secolo, nemmeno di una confutazione, a opera di un domenicano cui fosse appartenuto il volume nel XVII secolo, delle singolari teorie bruniane: no, era un testo contemporaneo alla pubblicazione dell'opera. Per convincersene, bastava decifrare la prima riga della prima pagina manoscritta: *Ego Johannus Hennequinus doctor in philosophia...*

L'autore di quel testo era dunque quel Jean Hennequin che, il 28 maggio 1586, durante una seduta memorabile al collegio di Cambrai, aveva presentato la posizione del suo maestro su Aristotele contro i dottori della Sorbona. Jean Hennequin, il solo discepolo parigino identificato di Bruno.

Il testo dei due fogli manoscritti era visibilmente della stessa mano e la sua lettura non richiedeva grande pazienza. Nella sua copia del *Candelaio*, Hennequin aveva dunque scritto un lungo testo – le pagine erano poco numerose ma la scrittura era molto fitta – che si poteva pensare avesse un rapporto con il suo maestro.

Sarah e io ci separammo in settembre, con commozione ma senza promettere di rivederci. Era previsto, e quei mesi erano stati perfetti. Cosa sarebbe successo se li avessimo prolungati? Ciò che ho vissuto in seguito mi rende scettico.

Sarah si sposò l'anno seguente con un altro fidanzato di cui non avevo mai sentito parlare. Aveva decisamente più di una fantasia. Negli anni che seguirono ci scambiammo delle cartoline accuratamente impersonali. Seppi della nascita di qualche figlio. Dev'essere già nonna, adesso. Non ci siamo mai rivisti. Ho ricevuto anche il suo lavoro su Apollinaire; lei non ricevette mai il mio, e lo credo bene! Così si concludono, spesso, gli amori di biblioteca.

Ma torniamo a Giordano Bruno. Questi arrivò a Parigi nell'autunno del 1581 dopo aver trascorso una ventina di mesi a Tolosa. Vi restò fino alla primavera del 1583. Durante il suo soggiorno parigino, pubblicò quattro opere: *De umbris idearum* e *De compendiosa architectura et complemento artis Lullii* presso Gilles Gourbin, *Cantus circaeus* e il *Candelaio* presso Guglielmo Giuliano, Al segno de l'Amicitia.

Il *Candelaio* è la sua prima opera in italiano e di fatto la sua prima esperienza letteraria; si tratta di una vera e propria commedia e non più di trattati teorico-filosofici. Sappiamo dagli studi di Rita Sturlese* che sono state rubricate sessanta copie dell'edizione originale. Nel n. 10 del suo catalogo, ella indica

* *Bibliografia, censimento e storia delle antiche stampe di Giordano Bruno*, Leo S. Olschki Editore, Firenze, 1987.

semplicemente: «Dresda, Sächsische Landesbibliothek, litt. ital. A 743. Legato con Er, fur. *Distrutta nella Seconda guerra mondiale*». Quanto all'edizione delle opere italiane di Bruno pubblicata nel 1830 a Lipsia da Adolf Wagner, Giovanni Aquilecchia, nella sua prefazione all'edizione francese del 1993, indica che «per l'edizione dei testi, egli [A. Wagner] aveva fatto copiare quelli che gli erano stati molto cortesemente forniti dal dottissimo Ebert, bibliotecario di Dresda». Dunque avevo tra le mani la copia che era ancora nella biblioteca della capitale della Sassonia nel 1830, ma non era più repertoriata dal 1945, trovandosi difatti in possesso della famiglia Boettischer. Ma allora da quando il bisnonno di Ingrid, che secondo la tradizione famigliare l'aveva portata con sé negli Stati Uniti, l'aveva in mano? E in tal caso l'opera era stata sottratta alla Sächsische Landesbibliothek da un membro della famiglia Boettischer, o questa l'aveva ricuperata in seconda istanza? Propenderei per quest'ultima ipotesi, giacché quel furto è a mio avviso opera di un erudito desideroso di essere il solo a possedere, con intenzione di farne uso, il testo manoscritto contenuto nell'opera. La famiglia Boettischer ha creduto di detenere una rara copia di un'opera di Bruno; il trafugatore, invece, s'interessava al testo di Hennequin di cui i Boettischer non si sono mai curati; come questo volume si sia ritrovato in loro sterile possesso resterà in ogni modo un mistero.

Oppure ha ragione la Sturlese e il volume è scomparso in seguito ai bombardamenti di Dresda, ma essendo stato sottratto immediatamente prima. Anche qui, il problema di come sia arrivato nella biblioteca del nonno di Ingrid rischia di non avere soluzione.

Insomma, poco m'importava del passato di questo libro, mi apparteneva e mi aspettava un lavoro di decifrazione e poi di traduzione che mi avrebbe tenuto occupato – ma allora non lo sapevo – per tre lunghi decenni. Per fortuna non avevo smesso, durante i miei studi, di esercitarmi con il latino imparato nei dieci anni trascorsi presso i Padri. Ho studiato l'opera e la tragica esistenza di Bruno con minuzia e immaginato un'edizione bilingue, accompagnata da un importante apparato critico. Ho infine abbandonato questa idea per ragioni economiche ma anche di leggibilità. Infatti il testo di Hennequin è un racconto di cronaca, straordinario quanto si vuole, ma pur sempre cronaca, e sarebbe un peccato se il lettore venisse distratto da un'erudizione inutile. Ho dunque deciso di tenere per me l'apparato critico che mi è costato tante ricerche.

Immagino il trambusto che questa pubblicazione susciterà presso il piccolo mondo degli specialisti di Bruno, i vari Aquilecchia, Ordine, Hersant, Levergeois, Ciliberto e via discorrendo. Ho intenzione di lasciare un giorno questo volume alla BN affinché tutti possano vederci chiaro, ma soltanto tra qualche anno. Diciamo che, per puro egoismo di erudito dilettante, me ne riservo l'esclusività ancora per un po'.

I tragici fatti di cui dà conto Hennequin compaiono beninteso nel *Journal* di Pierre de l'Estoile alle date del 10 e del 19 dicembre 1582. Ne cito due brani stranamente assenti dall'edizione Lefèvre (Gallimard, 1945), mentre figuravano nell'edizione di Lemerre del 1875. Ho cercato, nella mia traduzione, di conservare un po' del sapore originale del latino di Hennequin. Mi sono rifiutato di «lavorare» troppo la sua lingua del XVI secolo, sperando che il risultato non disturbi l'occhio – o meglio l'orecchio – dei lettori di un secolo abituato a un linguaggio più ingentilito.

I

Io, Jean Hennequin, Laureato, addì 3 aprile 1583, principio a riferire alcuni fatti avvenuti nel dicembre ultimo scorso a Parigi e che impressionarono assai gli animi. Talune circostanze note a me soltanto potranno interessare i lettori a venire. Vorrei anche contribuire a meglio conoscere il mio maestro Giordano Bruno, partito ieri per l'Inghilterra lasciandomi orfano di spirito e d'amicizia. I viaggi sono perigliosi, la Manica perfida, Londra – a quel che si dice – ostile agli stranieri e il mio maestro è di una rara imprudenza, quando non di un'insigne goffaggine, che mi fa temere di non rivederlo mai più. Sicché tanto vale scrivere mentre ancora la sua voce è ben presente al mio orecchio e i fatti in questione vivi nella mia mente.

Prima di affrontare la tragedia sopravvenuta in dicembre, ritengo utile precisare come feci conoscenza di Bruno e come la nostra amicizia si approfondì.

Nella bottega di Gilles Gourbin, libreria all'insegna della Speranza, in rue Saint-Jean-de-Latran, un giorno di gennaio del 1582 seppi della presenza a Parigi di un filosofo italiano che aveva gettato il saio alle ortiche: Giordano Bruno. I tipografi di Gourbin erano per l'appunto intenti a comporre una sua opera di prossima pubblicazione: *De umbris idearum*, di cui mi mostrarono alcuni brani. Fra' Giordano arrivava da Tolosa, dove aveva insegnato la filosofia di Aristotele e la cosmologia. Dava una serie di lezioni su San Tommaso al collegio Coqueret.

Mi ci recai l'indomani stesso. Un vento gelido spazzava le strade disertate dalla folla abituale. Tornavo da Saint-Victor e mi ricordai di aver pensato in place Maubert che soltanto l'inverno faceva mentire Erasmo e il suo famoso *oli ut cloaqua Mauberti* («puzzare come la fogna di piazza Maubert»). In rue Chartière trovai la sala nel mezzanino, a destra in fondo al cortile, dove fra' Giordano aveva già cominciato a parlare. Una dozzina di persone imbacuccate nei mantelli lo ascoltavano tentando di lottare contro il freddo. Il legno che ardeva nel caminetto pareva assai poco efficace. C'erano alcuni studenti di teologia che conoscevo di vista, dei professori del Coqueret e altri collegi, e due italiani di fama: Jacopo Corbinelli e Piero Del Bene, reverendo di Belleville. Bruno mi apparve di statura media, magro come un'acciuga, ma dritto in tutta la sua minutezza e con gli occhi ardenti di un fuoco interiore. Il suo latino stormiva d'intonazioni italiane, e quando Del Bene gli fece una domanda, egli passò rapidamente alla sua lingua natale. Lui stesso pareva ignorare il freddo imperante; gli capitava di tirarsi su le maniche al modo di un venditore ambulante e pareva comunicare al suo uditorio un po' del suo calore a mano a mano che parlava. Ad ascoltarlo, era evidente per me che, oltre a possedere una solida formazione teologica, credeva a quanto diceva con tutto se stesso. Si situava a modo suo a mille leghe dai miei professori del collegio di Navarra. Era costume allora praticare la «meditazione dell'opera», come diceva il rimpianto Ramus, usando neutralità e distanza. Con Bruno in quella sala gelida ma dove gli ascoltatori non perdevano una parola, avevo la sensazione di essere tornato indietro di alcuni secoli, quando la teologia si esercitava nel fervore della *disputatio*. Le domande che gli furono poste confermarono tale impressione. Un sorriso d'ingordigia intellettuale animava il suo volto mentre il suo interlocutore parlava, poi la risposta partiva, appassionata, sottile, spesso sorprendente giacché non esitava davanti a un'immagine audace o perché della realtà decisamente più volgare. Avevo di fronte a me un filosofo «umano» le cui parole non rispettavano tanto la retorica quanto la verità di cui egli si sentiva depositario. Udivo finalmente una parola filosofica di carne! Fui conquistato e ancora lo sono. Nell'anno che seguì e in cui fummo tanto spesso insieme, le debolezze del mio maestro, vuoi filosofiche vuoi caratteriali, vennero ovviamente in luce, ma esse non fecero altro che rafforzare il mio affetto e il mio rispetto per lui. Umano era il discorso, umano ne era l'autore.

Un altro elemento mi colpì fin dal primo giorno: la prodigiosa memoria di Bruno. Parlava senza alcun appunto, citava lunghi brani di Tommaso senza mai consultare il testo e, anche interrotto, riprendeva sempre esattamente il ragionamento laddove l'aveva lasciato. Il re Enrico III, appassionato di questioni mnemotecniche, lo seppe probabilmente da Corbinelli, che era il suo lettore d'italiano. Si fece presentare Bruno al fine di capire se la sua memoria prodigiosa era frutto di magia o di scienza. Non è ancora il momento di riferire di quel colloquio che non fu privo di conseguenze sul soggiorno parigino del mio maestro. Tornai l'indomani al collegio, poi alla lezione successiva, e alla successiva ancora, e così via fino all'ultima. Nonostante il freddo dell'inverno che non scemava, il numero di ascoltatori non smise di crescere fino a raggiungere la cinquantina e a far sembrare minuscola la vasta sala.

Fu in un pomeriggio di febbraio, e allorché il ciclo di lezioni era concluso da qualche giorno, che incontrai Bruno per la prima volta a faccia a faccia. Seduto in un cantuccio del laboratorio di Gourbin, era intento a correggere le prime bozze del suo *De umbris idearum*. Riconobbe in me uno dei suoi ascoltatori del Coqueret, il più silenzioso dei suoi ascoltatori, e mi si rivolse in francese.

«Dunque, frequentate tutti i luoghi malfamati!»

«Gli stessi vostri.»

«Sì, ma dopo undici anni in un convento io ho molte scusanti, mentre voi non avete nulla di un fraticello. Quanti anni avete?»

«Ventuno.»

«Ah! Ah! Due peli sul mento e già a bazzicare librerie e biblioteche: Cotin, cui vi ho descritto, mi ha detto che siete un frequentatore abituale di Saint-Victor. Vi chiamate Jean Hennequin, vostro padre è referendario e presidente dei conti e voi siete professore di filosofia da qualche mese. Dunque perché le biblioteche anziché le osterie, le lezioni di un domenicano errabondo anziché le braccia accoglienti di certi vini bordeaux?»

«Una cosa non impedisce l'altra. Forse è proprio il contrario.»

«Sì, benissimo, è così che avrei proceduto se il mio destino fosse stato diverso.»

«Ma se voi non portate più l'abito, cosa ve lo impedisce?»

«Sì, hai ragione, ma l'abito io lo porto dentro di me e forse lo porterò fino al mio ultimo respiro. Non sono uscito dall'osservanza perché bramassi una licenza sfrenata, ma per serbare la mia libertà di filosofo. Giudico i peccati della carne meno gravi di altri, perché dipendenti dalla natura e per così dire prossimi al peccato veniale, ma non ho disertato il mio ordine per i piaceri del secolo. Mi sono fatto cacciare per aver rifiutato la menzogna e aver preteso il diritto al dubbio. È diverso. In ogni caso, non dimentico mai, com'è detto nell'*Ecclesiaste*: 'Chi accresce il sapere aumenta il dolore'.

Il suo francese era naturale e preciso ma, come il latino delle sue lezioni, segnato da una forte inflessione.

«Correggete voi stesso la composizione del vostro libro?»

«Ah, ma io sono anche tipografo. È stato proprio questo, d'altronde, a permettermi di sopravvivere quando ho soggiornato per alcuni mesi a Ginevra presso quei somari dei calvinisti.»

«Perché somari?»

«Ho pubblicato l'elenco degli errori fatti in una sola lezione su Aristotele da uno dei loro sedicenti professori di filosofia, Antoine de la Faye. Ce n'erano venti.»

«E cosa vi hanno risposto?»

«Non mi hanno risposto, mi hanno condannato. E allora io ho fatto ciò che si fa quando si ha a che fare con chi è più forte e il soggetto è secondario: onorevole ammenda. Ma ciò non ha cancellato i venti errori di quel somaro di de la Faye. Non bisogna confondere l'espressione della verità con la verità stessa. Si può soffocare la sua espressione ma la verità, quella, finisce sempre col trionfare. E poi ho imparato una cosa molto utile.»

«Quale?»

«Che le due si equivalgono.»

«Le due cosa?»

«Meglio per te che io non precisi. Ma diciamo che tutte le inquisizioni che condannano in nome di una verità di cui non si curano si equivalgono. Dietro le loro motivazioni pseudoteologiche si nascondono in effetti la loro brama di potere e la volontà d'imporre il loro ordine. E oltretutto hanno la pretesa di dominare il caos. Che ridicolo orgoglio! »

Poi tacque e posò lo sguardo sul foglio al quale lavorava al momento del mio arrivo. Lo salutai e me ne andai.

L'indomani mattina incontrai Guillaume Cotin, il bibliotecario di Saint-Victor, e lo interpellai su quello strano filosofo italiano.

« Sì, capita che venga a consultare alcune nostre opere. È interessato a una moltitudine di argomenti e ha opinioni originali su ciascuno. Ma disprezza troppi dottori, da Caetano e Pico della Mirandola a Cuiacio e Passerat. È strano che tu mi parli di lui. »

« Ho assistito alle sue lezioni al Coqueret e l'ho incontrato ieri da Gourbin. »

« Lui stesso mi ha interrogato su di te e qualche suo altro frequentatore. Diffida: è uno strano uomo, di mente viva, ma pare che abbia bisogno di nemici per trovare l'energia di pensare. È un sistema imprudente che potrebbe fare la sua infelicità. La nostra epoca di affanni è pericolosa per gli originali, e lui sarà stritolato. »

Da allora, ho pensato più volte alle parole di Cotin. Sono state addirittura una sorta di basso continuo che ha spesso accompagnato la musica più animata delle mie conversazioni con Bruno. Dopo il nostro primo incontro da Gourbin, c'incrociammo spesso per caso. L'immensità del territorio parigino e la folla di individui che lo percorrono senza posa, da non poter varcare il ponte di Notre-Dame o attraversare rue Saint-

Denis, non impediscono d'incontrare al minimo spostamento persone di nostra conoscenza. Anche se, come mi dice Bruno, a Parigi ci sono così tanti stranieri che ci si sente meno stranieri che altrove. Nonostante la sua vastità, Parigi è soltanto un agglomerato di quartieri, ciascuno frequentato da una popolazione specifica. Così, chi fa commercio o lavoro di giustizia o è cortigiano del re o chierico dell'università incappa per forza di cose nei suoi simili. A quel tempo alloggiavo nel palazzo di mio padre, in rue de Cordeliers, e passavo il mio ultimo anno parigino a percorrere il Quartiere Latino e i suoi collegi, a frequentare Saint-Victor e la sua biblioteca, rue Saint-Jacques e le sue librerie, il Palazzo di giustizia e i suoi banchi di libri. Erano luoghi che Bruno visitava quando usciva dal suo alloggio di Saint-Jean-de-Latran. Ci ritrovavamo dunque nel modesto auditorio del collegio di Tréguier o del Cardinal Lemoine o ci scontravamo nella calca del ponte Saint-Michel o di qualche vicolo del quartiere Maubert. Stava sempre solo, con indosso una toga di sargia nera, d'inverno appena protetto dal freddo da una casacchina di velluto scuro logora per l'uso, come perso in una conversazione con se stesso da cui usciva a malapena riconoscendovi, per poi subito, e senza fare il minimo sforzo di civiltà, farvene partecipe. Poi nel bel mezzo della discussione taceva, pareva tornarsene al fondo di se stesso e se ne andava salutandovi appena. Ovviamente non ci accordavamo mai per rivederci.

Fu in seguito a un incontro alla biblioteca Saint-Victor che le nostre conversazioni si modificarono. Fino allora mi ero accontentato di rimandargli la palla con le mie domande, ma conformemente alle nostre condizioni rispettive di maestro e allievo lui non m'interrogava spesso. Quel giorno, mentre mi trovavo immerso negli *Emblemata* di Alciati, lui uscì dalla biblioteca contemporaneamente a me, mi invitò a sedere nei giardini dell'abbazia e m'interrogò su quanto sapevo della simbologia delle *imprese*. Era interessato a quel sistema d'immagini e di epigrammi. Non che ignorasse la materia, ma capii che era il centro delle sue riflessioni del momento, e che egli cercava sempre di precisare le sue idee confrontandole con quelle degli altri.

Discutere con qualcuno gli permetteva di saggiare i suoi argomenti. Bruno non è uomo di dettato. Ha bisogno di interlocutori, è un filosofo di dialogo. C'è una frase che lo caratterizza, una frase che potei leggere alcuni giorni dopo sulla copia che mi offrì del suo *De umbris idearum*: «Non può di fatto esservi ordine ove non sia diversità». Ricordo perfettamente la tonalità di quel pomeriggio di fine marzo in cui i raggi del sole non riuscivano a scaldare l'atmosfera, ma inondavano con una gioiosa luminosità gli alberi e le piante ancora immobili nel loro torpore invernale. Ero lusingato, naturalmente, dal fatto che per la prima volta, scoprendo che non m'interessavo soltanto a San Tommaso e Aristotele, mi porgesse orecchio. L'improvvisa frescura serotina ci cacciò dall'abbazia e ripassammo da porta Saint-Victor. Continuammo a parlare ma, arrivati in rue des Noyers, egli tacque come se avesse già raggiunto la solitudine della sua serata. Alla partenza da rue de Latran dove le nostre strade si separavano, mi pose una domanda senza legame apparente con la nostra conversazione:

«Hai assistito alla rappresentazione del Balletto comico della regina nel mese di ottobre? Io sono giunto a Parigi qualche giorno più tardi.»

«Sì, per caso e grazie a mio padre. Una cosa rara quell'assortimento, per la durata di cinque ore, di musiche, balletti, belle poesie e macchine teatrali. C'era una gran folla e tutti erano estasiati.»

«Sì, sì, lo so, gli italiani hanno il gusto dello spettacolo. Ma non è questo che m'interessa. Vorrei che mi dicessi cos'hai pensato dell'argomento della sconfitta di Circe e della vittoria di Giove. Ho letto il libretto di Belgioso, ma a te che eri presente e conosci la mitologia, che effetto ha fatto? Vieni a trovarmi domani pomeriggio da me e ne riparliamo. Alloggio al Drappo d'oro.»

L'indomani, la fragile aria primaverile del giorno prima era rinfrescata e il cielo era coperto. Quando arrivai all'insegna del Drappo d'oro, cominciavano già a cadere delle gocce. Bruno occupava le due stanze del terzo piano. Era seduto al tavolo, addossato al caminetto dove alcuni ceppi si consumavano stentatamente. Lui, di solito così poco avvezzo alla cortesia, si rivelò un ospite premuroso. Sistemò il fuoco e poi, essendosi il cielo vieppiù scurito, accese due candele. Mi porse una seggiola e mi servì un boccale d'acqua che tinse di vino.

«Bevevo vino soltanto in casi eccezionali ma sono stato così male nelle mie prime settimane a Parigi che ho preso questa abitudine. Come potete sopravvivere all'acqua che bevete?»

«In effetti soltanto gli stranieri a Parigi si ammalano. Quanto agli abitanti, devono essersi mitridatizzati. E poi c'è acqua e acqua, non bisogna comprarla da un portatore qualsiasi. C'è chi, per comodità, si serve direttamente dalla Senna.»

«Sì, lo so, l'ho imparato. D'altronde sto meglio. Ma com'è sporca Parigi! Questa pestilenza, questa melma in tutte le strade. E poi, che idea allevare conigli, pollame e porci in pieno centro!»

«In linea di principio è vietato, cosa che in Francia non significa molto.»

Fuori, le cateratte celesti si erano aperte e si sentivano preoccupanti rombi di tuono, mentre sulla città si abbatteva una pioggia che aveva se non altro il pregio di pulire i vicoli in discesa della montagna Sainte-Geneviève.

«Vi ho portato l'opera di Ruscelli per completare la nostra conversazione su Alciati.»

«Sì grazie, l'avevo consultata alla biblioteca di San Marco durante il mio passaggio a Venezia, ma non l'ho ritrovata né a Saint-Victor né a Tolosa.»

«Infatti ieri pomeriggio abbiamo parlato degli *Emblemata*, ma voi non mi avete detto perché questo interesse. Che rapporto c'è con le questioni mnemotecniche del vostro *De umbris idearum*?»

«È per un'altra opera, ma c'è comunque un legame. Il *De umbris* che Gourbin avrà presto stampato sarà dedicato al re Enrico. Del Bene e Corbinelli gli hanno parlato delle mie lezioni al Coqueret e il re mi ha fatto chiamare qualche giorno fa per domandarmi se la memoria che insegno è naturale o frutto di arte magica. Gli ho dato soddisfazione e con quanto gli ho detto egli ha compreso che trattasi di scienza e non di magia. Gli ho dedicato il mio *De umbris* e mi è stato detto che il re non lascia mai una dedica senza risposta. Ora, la seconda parte del libro che sto concludendo parla anche di mnemotecnica, sotto un'angolazione diversa, e rafforzerà, spero, le mie possibilità di ottenere il favore reale.»

«E come entrano i Simboli nel vostro discorso?»

«Do un certo numero di esempi d'immagini che facilitano il rammemorare. Vale a dire che laddove

Alciati collega un motto e una figura per fare un'idea, io procedo parimenti con la memoria. La nostra discussione di ieri mi ha aiutato a scegliere alcuni dei miei esempi. Vorrei da qui proseguire i lavori dei fratelli Romberg e Rosselli.»

«Perché fratelli?»

«Perché sono degli incappucciati; dei domenicani, se preferisci. Non scordare che siamo l'*Ordo Praedicatorum*, e l'arte predicatoria non può fare a meno della memoria. Sono entrato nell'Ordine perché chi vuole consacrarsi al sapere vi trova tutte le agevolazioni. Ora, senza memoria niente sapere. Come diceva Marcus Tullius: 'La memoria è la stanza del tesoro di tutte le cose'. Dunque l'Ordine ha una lunga tradizione a partire da San Tommaso e Alberto Magno. Io vi ho soltanto aggiunto Pietro di Ravenna e Raimondo Lullo, e soprattutto l'ho fatta mia perché per me l'*ars memorandi* è la sola possibilità di raggiungere l'altro mondo.»

«E come si stabilisce il legame tra immagini e idee?»

«Si tratta di mettere in relazione dei *subjecta*, vale a dire i soggetti delle forme immaginabili, con gli *objecta* che sono delle immagini. Così la bilancia per la giustizia, la spada per Marte o il torchio per l'autunno. Dando questo elenco di esempi pratici e spiegando il mio modo di procedere, si capirà il metodo e che si tratta di scienza e non di magia. È vero che sei troppo giovane per questo, ma un giorno, dopo aver molto studiato, sentirai il bisogno di aggiungere anche la tua pietra all'edificio. Per vanità, forse, ma anche per pagare un po' del proprio debito a tutto il sapere che ci ha preceduti e di cui si è beneficiato.»

«E perché non aver integrato questo sviluppo pratico al vostro *De umbris*?»

«Ah, è molto semplice. Per umana debolezza. Non era ancora a punto e avevo fretta come tutti gli autori di tenere in mano il frutto del mio lavoro, a rischio che non fosse completo.»

«E la vostra domanda di ieri sullo spettacolo delle Nozze di Anne de Joyeuse, l'arcifavorita del re?»

«Difatti, come ti ho detto, conosco l'argomento grazie al libretto di Belgioso. Me ne hanno parlato anche Del Bene e Corbinelli, che hanno partecipato alla sua ideazione, ma io ho voglia di sentire uno spettatore che, entrando al Petit Bourbon, non sapesse niente di ciò che avrebbe scoperto.»

«Lo spettacolo mi è sembrato prodigioso. Ho visto talora dei balletti a corte e a volte ho accompagnato mio padre al concerto dell'accademia di De Baïf al collegio di Boncour. D'altronde mio padre invita di frequente musicisti a suonare a casa sua, e Ronsard e Jodelle leggono le loro ultime poesie quando partecipano a una cena. Infine, adoro i brani dei Gelosi che re Enrico ha fatto venire a Parigi due o tre anni fa. Semplicemente, non avevo mai assistito a uno spettacolo che vede tutto questo insieme e con, per giunta, uno scenario da favola dipinto da Patin e degli effetti d'artificio straordinari di macchine teatrali. Fu una cosa incredibile che sconvolse il re e la corte e tutto l'uditorio.»

«E l'argomento dello spettacolo?»

«Dopo che risonò una nota di oboe ripresa da cornette e tromboni, si vide un gentiluomo uscire di corsa dal giardino di Circe. Aveva l'aria sgomenta e si capì che la maga che sedeva al centro l'aveva attratto nei suoi giardini e tenuto prigioniero. Egli veniva infatti a supplicare Enrico perché combattesse con la strega, che aveva trasformato uomini in tigri, leoni, cervi, cani o porci, e mettesse fine ai suoi sortilegi.

Costei apparve furente, poi col passar delle ore e in un grande tumulto ridusse a mal partito naiadi, ninfe, driadi, satiri e Mercurio stesso, che si ritrovò pietrificato. Poi s'intromise Minerva, ovvero la regina Luisa, e Giove, vale a dire il re Enrico, scese dal cielo sulla sua aquila e fece scaturire i suoi fulmini, ciò che mise fine al disordine. Tutti capirono che Circe rappresentava i riformati, che sono dei fanatici e antepongono le loro idee ai patimenti del popolo, e che soltanto il re può allontanare da noi vizi e guerre e salvarci dal caos. I papisti non possono sopportare che il re faccia la minima concessione a quelli che sono comunque suoi sudditi e talora suoi parenti. E tutti a detestare Enrico perché non ha un occhio di riguardo per loro. E, dietro, ci sono le grandi casate del regno che tentano di approfittarne, e la Spagna, cui tutto questo disordine fa assai comodo. La debolezza della Francia le consente di avere le mani libere nelle Fiandre e di non essere disturbata nella lotta contro l'Inghilterra. Alla fine dello spettacolo, la regina Luisa consegnò una medaglia d'oro al re, dove c'era un delfino che nuotava in mare perché, affinché il caos cessi, occorre anche che il re abbia infine un erede.»

«Ma tutto questo t'interessa.»

«Sono anni che assisto a conversazioni tra mio padre e i suoi fratelli che diffidano delle ambizioni della casa di Lorena e che hanno sostenuto Michel de l'Hospital contro il loro zio, Pierre, il presidente Hennequin, morto quattro o cinque anni orsono, e che fu, con il tenente dello Châtelet, La Bruyère, uno dei principali artefici della Lega di Péronne a Parigi. Dunque il pubblico ha capito benissimo che Circe che trasforma gli umani in animali rappresenta la follia della religione, oppure il più freddo calcolo politico che ne assume le sembianze. E il solo che può trionfarne è Giove, ovvero il re.»

«Conosco la follia dei riformati per averci avuto a che fare e non sopporto che a loro basti la fede e che ritengano inutili alla loro salvezza le opere buone. Conosco anche la debolezza dei costumi, la crassa stupidità, la Santa Ignoranza della nostra religione romana. Il grande di Rotterdam aveva già visto tutto più di settant'anni fa, e nessuno gli ha dato ascolto. Adesso il rimedio sembra peggiore del male! Come dice il vostro Ronsard:

Bruciar case, saccheggiare e depredare
Uccider gente, altra schiavizzare
Non obbedir più ai re, sommare armata a armata,
Voi la chiamate Chiesa Riformata?

«D'altronde gli ugonotti non vogliono la verità più dei loro avversari, vogliono imporre la loro regola una e unica e far sì che regni il loro ordine. Ora, la verità è soltanto diversità e confronto, ciò che sconvolge ogni sistema organizzato. Mi sono scontrato con gli uni a Napoli e a Roma, con gli altri a Ginevra e sono scappato a Tolosa.»

«Perché a proposito avete desistito?»

«Perché ho fiutato i disordini futuri nella regione, e perché la guerra è il peggior nemico del filosofo. Per secoli, egli ha pazientemente e con difficoltà impostato sistemi destinati ad aiutare l'uomo a uscire dalla sua bestialità, e di punto in bianco quella fragile costruzione va in pezzi. Tesori di sfumature, di sottigliezze di ragionamento, di concetti accuratamente vagliati, di idee sviluppate con la massima prudenza, si ritrovano in un momento buttate a terra, calpestate, fatte a pezzi, ridotte in polvere. Del resto, hai notato che nelle guerre le prime vittime sono sempre i moderati, i disimpegnati, vale a dire coloro che sono più vicini ai filosofi. Mentre gli altri sono protetti dalla loro fazione, i moderati si ritrovano nudi e crudi, presi tra due fuochi. Simili al filosofo a cui si domanda di rispondere, il coltello sotto la gola, con un rozzo 'sì o no' laddove occorrerebbero infinite ed equilibrate argomentazioni.»

Bruno, nel fervore del suo parlare, si era alzato e concionava camminando in lungo e in largo per la stanza, sottolineando le sue frasi con gesti di collera indignata.

«La guerra è la semplificazione estrema, puoi ferire, trafiggere, sgozzare senza pentimenti perché obbedisci a un ordine superiore e inoltre devi uccidere per non essere ucciso a tua volta. E poi eviti la corvée delle sfumature, l'altro non è più un padre, un marito, un amico, un onest'uomo, forse lì suo malgrado, è un anonimo da cancellare in assoluta tranquillità d'animo. E l'uomo a rotolarsi nel fango della sua stupidità originaria a cui il filosofo si sforza invano da secoli di strapparlo. Addio Saturno e i suoi umori debilitanti, fine delle pene d'amore, scordate le costrizioni del vivere civile, basta interdizioni; e invece l'ebbrezza di poter legittimamente far soffrire il prossimo, mutilarlo, toglierli la vita, impadronirsi dei suoi beni, prendere le donne con la forza e contro il loro volere per trarne un piacere ancor più grande e per giunta ucciderle poi per cancellare la vergogna. Non è il paradiso in terra? E tu vorresti che io dessi torto a Circe? Ma è una santa, le dobbiamo rispetto per la profondità del suo senno. Aggiungo che, se fare la guerra per interesse materiale e personale è già cosa orrenda ma di una certa logica bestiale, invischiarvi Dio ha decisamente dell'assurdo. Perché Dio non è altro che ciò che l'uomo ne fa. Guarda come si oppongono e differiscono ebrei, cristiani e maomettani che hanno la stessa Scrittura tra le mani. E le sette che pullulano in ciascuna di queste religioni per via delle dispute, sempre a partire dalla stessa Scrittura! Meglio lasciare la religione al suo posto, al servizio della società per il suo miglior funzionamento e per favorire la 'civile conversazione'. Non è mai altro che uno *instrumentum regenti.*»

«È per questo che siete diventato ginevrino?»

«E sarei anglicano da Elisabetta e luterano in Germania. E per giunta i calvinisti mi hanno scomunicato! Non sono teologo, ma filosofo, e per il vero filosofo ogni terra è patria. Mi adatto facilmente al sistema che le diverse società organizzano attorno a Dio, molto meno al modo in cui esse non rispettano l'essere umano e scherniscono la verità. La maggior parte dei loro dogmi non reggono per un momento a un approccio davvero filosofico. La legge e la religione sono state create per gli uomini, non per gli dei. Infatti per essere del tutto franco nessuna religione mi piace davvero e vorrei diventare fondatore di una setta: la Nuova Filosofia.»

«Pensare così significa vivere pericolosamente.»

I lampi che di tanto in tanto parevano voler fare a pezzi la finestrella della sua stanza, la luce del fuoco che si ravvivava quando, dopo aver rimesso ordine nei ceppi semiconsunti, Bruno ne aggiungeva di nuovi, davano alla nostra conversazione una tonalità inquietante. Quanti roghi si erano accesi in Europa da vent'anni in qua, quanti libri erano bruciati, carni erano arrostite in un odore d'incenso. E tutto ciò perché l'uomo non può vivere senza credere e ha per giunta il bisogno imperioso d'impedire che gli altri credano in qualcosa di diverso.

«Ecco perché sono a Parigi. L'Inquisizione ha già vinto la partita in Italia e in Ispagna, i riformati a Ginevra e negli Stati tedeschi settentrionali, soltanto re Enrico si oppone agli estremisti e rifiuta di scegliere tra i due campi. Lui e io siamo nella stessa situazione. Anche se i nostri palazzi non si possono paragonare» dice gettando un'occhiata circolare nella sua stanza somigliante più a una cella monastica che a un interno principesco, «siamo entrambi ancora affezionati alla sfumatura e alla precisione. Non mi hanno forse detto che il Valois riuniva la sua Accademia al Louvre dopo cena per discutere di virtù morali e intellettuali? Questo re non è un re filosofo?»

«E voi un filosofo re?»

«Ah, burlati pure di me, ma in un certo senso sì, perché io non dipendo da nessuno. Sono solo, senza sostegno, povero in canna ma penso come sento. Non ambisco ad alcun potere o ricchezza terrestre e non voglio altro che esercitare la professione di filosofo. La filosofia non è forse la via autonoma del saggio verso la divinità, distinta dalla religione destinata al popolo? Da qualche parte non c'è un sovrano a questo? Ma ci siamo allontanati dal nostro argomento. La conversazione è il modo più splendido e piacevole di pensare, e anche il più pronto a sfuggirci. Tu molli appena le redini ed essa va per suo conto. Torniamo alla terribile maga Circe.»

Adesso era venuta notte, il temporale si era allontanato. La strada usciva dal silenzio in cui l'aveva immersa la pioggia. Con il rumore di zoccoli, delle ruote dei carri, della collera di un pedone contro un mulattiere maldestro, pareva che l'atmosfera stesse tornando reale.

«Tutti quei somari sanno alla perfezione dove si trovano il bene e il male, mentre io stesso ho enormi difficoltà a raccapezzarmi; invero loro pensano soltanto alla comodità e alla pigrizia di un sistema univoco, mentre io adoro i granelli di sabbia. Non ho del resto alcun merito, non posso vedere una cosa senza immaginarla al contrario. Così Circe mi appare, figurati, come un personaggio benefico animato dalle migliori intenzioni nei confronti del consorzio umano. D'altronde la mia prossima opera s'intitola: *Cantus circaeus.*»

«Ma insomma, è pur sempre una strega che ha ridotto gli uomini allo stato di animali selvaggi!»

«E non lo sono forse già? Lei non si limita a dar loro l'aspetto di ciò che sono realmente? Li rende conformi a loro stessi, trae conseguenze dal loro comportamento e si sforza di renderli inoffensivi.»

«E come, dato che li trasforma in animali selvaggi?»

«Privandoli della lingua e della mano, li priva della loro terribile capacità umana di nuocere. L'animale più selvaggio ha soltanto l'intelligenza del suo istinto, è dunque prevedibile e, con un po' di metodo, facile da vincere. Il più abbrutito dei bipedi che può parlare e tenere un coltello in mano è capace d'iniziative che tu non potresti mai prevenire. Chi ti aspetta la sera nella rientranza di una porta per tagliarti la gola, un animale o un sicario? Sai se l'uomo che incroci in un vicolo non ti accopperà senza ragione? Quanto al serpente, ti morde soltanto se si sente minacciato, il lupo ha un territorio che bisogna rispettare e il cane ringhia, incapace di nascondere le sue intenzioni nei tuoi confronti. No, gli animali non sono pericolosi e Circe è una benefattrice dell'umanità che, lungi dal degradare gli umani, ristabilisce l'ordine della natura, o meglio corregge i suoi errori, trasformando in porci, cani o cammelli degli esseri vili, bugiardi, avari, vanitosi e dei chiacchieroni vacui e somari filosofici. Il titolo del mio primo libro era *L'Arca di Noè*: come vedi le mie idee seguono un filo.»

Ci lasciammo poco dopo, e la sera stessa trascrissi i brani principali della nostra conversazione. Ci incontrammo in molte occasioni nei mesi che seguirono e sempre per discutere della questione che l'assillava in quel momento e che forse egli stava mettendo per iscritto.

Dopo la pubblicazione del *De umbris*, la posizione di Bruno diventò meno scomoda. Ricevette una pensione dal re che lo nominò «lettore straordinario e provvisorio» al Collegio Reale. Bruno dava lezione al collegio di Cambrai dove gli proposero di alloggiare, ma egli preferì serbare le sue due stanze al Drappo d'oro, forse per non perdere la propria autonomia. Si nutriva di poco nella sua stanza, e all'occasione frequentava una delle tante osterie da studenti dei dintorni.

Durante la primavera e l'estate avemmo innumerevoli colloqui. Quando la stagione lo permise andammo a spasso fuori Parigi. Andammo al castello di Bicêtre oppure al villaggio di Gentilly, frequentato un tempo dagli studenti del Coqueret, e fino ad Arcueil e alla sua fontana fredda come il marmo cantata da Dorat: lì, come i suoi discepoli, mettevamo al fresco una bottiglia che allietava le nostre conversazioni. Ho annotato il tenore della maggior parte dei nostri scambi, che un giorno pubblicherò per far ben capire la ricchezza e la libertà di spirito del nolano. Non ero ovviamente il solo dei suoi interlocutori, ma credo di poter affermare di essere stato il più costante e il più fidato. Con me arrivò presto a disfarsi della sua tipica prudenza diffidente, quella delle persone che sono state spesso tradite. Il suo *Cantus circaeus* apparve durante l'estate e, ai primi di dicembre, uscì quel libro sorprendente, perché di vera letteratura in lingua volgare: il *Candelaio*. Ricordo benissimo che il giorno successivo a quello in cui mi offrì una delle prime copie stampate ebbero luogo i fatti che mi propongo di riferire qui.

II

Avevamo appuntamento da Bruno per colazione, ma arrivando in rue de Latran trovai il vicinato in subbuglio. Abitava, abbiamo detto, all'insegna del Drappo d'oro dove i suoi datori d'alloggio, i Robillard, maestri pannieri, vendevano drappo d'argento e di seta, velluti di Genova e di Valenza, damaschi, taffettà, tabì, cammellotto e sarge rosse cremisi, nonché ogni sorta di crespi, passamani, nastri, costure, frange, piume, tessiture e altri lavori in filo d'oro, d'argento o di seta. La gente discuteva in capannelli e i Robillard, contrariamente al solito, stavano non dietro al loro banco, chiuso quella domenica, ma per strada a conversare con passanti e vicini che uscivano da messa.

La signora Robillard era un donnone popputo e chiapputo che era più facile immaginare intento a trattare salumi o formaggi anziché drappi fini e velluti. A parte ciò, donna eccellente e cuoca meravigliosa, talento di cui Bruno approfittava di buon grado. Afflitta dalla di lui magrezza, la signora Robillard aveva fatto del suo rifiorire fisico una sfida personale. E non perdeva occasione di ammannirgli qualche brodetto di pollo, stufato di pecora o biancomangiare di cappone. Forse cercava di prendersi la rivincita sul marito Guillaume, omino magro e vispo cui la buona carne pareva non aggiungesse un filo di grasso. L'uomo non aveva l'uguale nel far palpare un drappo di seta fiorentina o un cammellotto veneziano, nell'accarezzare stendendolo sul bancone un velluto lucchese, nel misurare nastri e frange e tagliare con precisione la canutiglia. Questa strana coppia aveva generato la più bella ragazza che mi fosse stato dato d'incontrare durante le mie peregrinazioni nel Quartiere Latino: Guillemette, sedici o diciassette anni, il naso all'insù, la bocca ridente e gli occhi verdi. Era magra come il padre, ma da certi tratti comuni con la madre c'era da temere che da qui a una ventina d'anni somigliasse più a lei. Insomma, quel domani era ancora lontano e per il momento facevo in modo d'incontrarla durante le mie visite a Bruno e adoravo vedere i suoi occhi abbassarsi e le sue gote imporporarsi alla mia occhiata più innocente o al commento più banale. Quella mattina però Guillemette era invisibile e fu la signora Robillard a interpellarmi.

«Ah, signor Jean! Siete al corrente?»

«No, di cosa?»

«Del delitto, o meglio della carneficina della casa del Gallo, sapete, il libraio Heucqueville. Tutta la famiglia, moglie, figli, serva, neonato, sgozzati stanotte. Otto persone: ditemi voi se non è una sventura!»

«E hanno arrestato gli assassini?»

«Niente, come al solito! Sembra che siano stati visti due uomini uscire di casa verso mezzanotte. E, siccome i due domestici di Heucqueville sono spariti, si pensa che si tratti di loro.»

Lanciò un sospiro dove si mescolavano spavento e fatalismo e mi lasciò a suo marito per comunicare la cosa incredibile a un nuovo arrivato.

«Anno 1582 – Sabato 10 dicembre avvenne nella casa del Gallo, rue Saint-Jean-de-Latran, un orrendo massacro. Il libraio Nicolas Heucqueville fu ucciso durante la notte e con lui la sposa, la sorella, i due figli e il

piccino neonato e la balia del medesimo e anche il padre Guillaume Heucqueville già orafo del Pont-au-Change, da uomini armati di spade e daghe che nessuno vide. Ed è cosa massimamente deplorevole in questo secolo sventurato vedere case di onest'uomini bagnate di sangue innocente. E corre voce che i suddetti uomini armati e mascherati fossero i servi della casa, che da allora nessuno vide più. E si pensa che fu per furto o forse per cercare di prendersi licenze con la giovane sposa di ser Nicolas che era vedovo della prima moglie e l'aveva sposata giovinetta ventenne undici mesi orsono e, come spinto dalla debolezza a venire, l'aveva subito ingravidata del bimbo sgozzato appena battezzato. Qualche sciagura doveva quell'anno incombere sui servi, come votati e accaniti a uccidere e derubare i loro padroni, stando che erano già tre in meno di sei settimane gli uccisi a Parigi dai loro servi. E quel giorno l'intera famiglia Heucqueville e ser Guillaume di ottant'anni all'incirca e l'infante di un mese. Cosa rara e memorabile.»

Pierre de l'Estoile, *Mémoires-journaux*, Paris, Librairie des Bibliophiles et Lemerre, 1875, 12 vol, in 8°.

Non mi attardai e salii da Bruno.

«Che gazzarra!»

«Sì. Da sempre l'uomo sventra il suo simile, ma è ovvio che otto morti in fondo alla strada inquietano più di centomila vittime degli ottomani o di un satrapo persiano.»

«La voce pubblica sospetta dei domestici.»

«Bof! L'opinione comune non è la verità rivelata.»

«Sembrate scettico. Eppure è successo più volte negli ultimi mesi.»

«Per me c'è una differenza tra assassinare il padrone per derubarlo o la di lui moglie per essersi rifiutata, e uccidere anche la serva, il vecchio padre e un neonato appena battezzato. C'è qualcosa che zoppica. In tutto ciò c'è un tocco di 'massacro degli innocenti', una nota di follia che stona. Ma, insomma, ancora una volta, so soltanto ciò che si è sentito dalle voci stamattina. Conosco i due servi, gente di Vincenne, per averli incontrati alla tavola comune del Piede di Porco, e non riesco a figurarmeli intenti a commettere un atto simile. Per farlo dovrebbero essere impazziti, ed è raro che due persone impazziscano nello stesso momento, oppure dovrebbero avere un motivo preciso per odiare. Ma non si fa una cosa così per poche decine di scudi e sapendo che si verrà immediatamente sospettati. »

« Allora, chi? »

« Diavolo, come vuoi che lo sappia? Un'indagine poliziesca è come un discorso filosofico, non s'improvvisa *ex nihilo*. Richiede un ragionamento e dunque occorre conoscere i fatti nei particolari e in tutte le loro sfumature. Ricordati di Susanna. È stato grazie a un particolare che Daniele l'ha salvata dalle accuse dei vecchioni. Dunque bisogna comprendere la logica dei fatti, portare in luce le contraddizioni, ricostruire la storia di ciascuno e trovare un sistema che includa tutto questo. E poi un massacro non è mai un evento spontaneo. Per esempio, chi erano gli Heucqueville? Sono entrato alcune volte nella bottega ma ci ho incontrato soltanto i commessi e i figli, mai Nicolas. E cosa gli hanno rubato? E c'è stato, d'altronde, davvero furto? Insomma, capirai che non azzarderei la minima ipotesi senza saperne molto di più. *Primum sapere deinde philosophare*. Non si può essere buon inquisitore o buon giudice se prima non ci si è informati sul caso.

«E poi Parigi è una città pericolosa, troppa gente, troppi poveri, troppi ricchi, troppi miserabili, troppi delitti ogni notte. E dieci anni non sono bastati a cancellare le macchie di sangue che sono entrate nel cuore delle pietre. E i millanta litri trasportati dalla Senna non hanno cancellato dalle menti le centinaia di cadaveri che vi sono stati gettati.»

«Parlate dell'agosto del '72.»

«Certamente, conosci molte città dove gli abitanti si sono uccisi a vicenda a migliaia? E non lottando contro degli invasori o dei barbari, no, tra gente che parla la stessa lingua, che crede allo stesso Dio ma non alla stessa maniera. Si sono uccisi tra cugini, tra parenti, dopo essersi incrociati in una strada il giorno prima e salutati la mattina stessa, magari con commenti sul caldo soffocante o sul costo del pane e con vecchi e bambini e donne incinte. La gente crede di poter dimenticare rapidamente la sregolatezza dei tempi, ma le pietre che sono servite al sacrificio ricordano molto più a lungo. Come ha scritto Cicerone: *Quamquam id quidem infinitum est in hac urbe: quaecumque ingredimur in alia historia vestigium ponimus*, o, se preferisci: 'Non c'è fine in questa città: ovunque si vada, si mette il piede sulle tracce di un'altra storia'.

«Mi sono recato a qualche predica e vi ho sentito la stessa esaltazione del sangue e del massacro dei calvinisti; si cercava di convincere i fedeli che i flagelli di cui è vittima la Francia sono dovuti alla collera di Dio. Tutte quelle parole d'odio in nome di un Dio di bontà! E pensi che i riformati abbiano dimenticato! Questa città crede di essere guarita, ma non lo è!»

«Cosa c'entra con il massacro di stanotte?»

«A priori, niente, ma basta passare qualche settimana qui per sentire quanto la violenza di morte è presente ovunque. E spero che Enrico riesca finalmente a ingravidare la sua regina. Non oso immaginare cosa succederebbe se il suo gibboso fratello morisse e se, essendo privo di discendenza, il Bearnese si ritrovasse erede al trono. E la Giustizia: guarda con quale facilità ordina di torturare o mettere a morte. In settembre non ha forse condannato all'impiccagione e allo strangolamento in place de Grève il giovane Tanart perché ha messo incinta la figlia del presidente Bailly? E il popolo scandalizzato l'ha fatto liberare con il suo tumulto. Ciò non impedirà alla stessa folla di accalcarsi domani per assistere agli ultimi istanti di un condannato alla ruota, per sentire le sue urla di dolore e tentare di scorgere la maschera della morte sul suo viso. Com'è possibile che questa città universitaria, questa magistratura organizzata, questi acquirenti di libri, questi amatori di poesia e di graziosi balletti possano tenere in così poco conto le sole cose che valgono davvero: la sofferenza e la vita umana? Ammetterai che c'è di che interrogarsi su duemila anni di tradizione filosofica e su quasi sedici secoli di Chiesa romana e di messaggio d'amore del Cristo. Ma noi non cambieremo niente, in ogni caso non oggi, dunque andiamo a mangiare.»

Passammo davanti alla casa del Gallo dove due arcieri impedivano l'accesso ai curiosi venuti a vedere con i loro occhi il luogo del delitto. Ci fu detto che all'interno il tenente dello Châtelet, Dagron, rilevava tutti i particolari prima che i cadaveri fossero portati via alla volta del cimitero.

Il Piccolo Cluny era preso d'assalto e riuscimmo a stento a sederci a un tavolo. Ovviamente tutte le conversazioni vertevano sulla casa del Gallo. E ciascuno a dire la sua sui pericoli dell'epoca, sui costumi barbari e «cosa fanno le guardie?» Dato che le voci prediligono sempre la semplicità, nessuno dubitava della colpevolezza dei servi. Soltanto il movente differiva. Per alcuni il furto sordido spiegava tutto, per altri si trattava di una vendetta sulla giovane sposa che, dopo aver stuzzicato dei maschi più consoni alla sua età, li aveva brutalmente respinti. Ma che imprudenza, comunque, quegli uomini anziani che sposavano donne che potevano essere le loro figlie! Per altri ancora, i due moventi si mescolavano e spiegavano bizzarramente la carneficina.

Al tavolo vicino al nostro mangiavano due arcieri della guardia. Li sentimmo parlare di «crudeltà insolite» ma, quando un domestico del collegio Tréguier li interrogò, loro rifiutarono di aggiungere altro.

A dirla tutta, stentammo a riprendere il corso molto più etereo delle nostre conversazioni abituali, e io interrogavo il mio maestro sulle grandi città che aveva visitato. Capii che i quindici anni che aveva trascorso nella violenza di Napoli lo mettevano in guardia contro la pericolosa frenesia parigina. Per lui, la violenza era connessa alla presenza della moltitudine in uno stesso luogo e all'anonimato della folla.

«Il paese o la cittadina non sono al riparo dalla violenza, ma essa è più legata al singolo, meno spaventevole e meno casuale. Soltanto Venezia è relativamente sicura, perché lì è difficile fuggire dopo aver commesso un crimine! *Homo homini lupus*, e io non sono né soldato pagato per combattere né magistrato per rendere la cosiddetta giustizia, né dottore per attenuare i dolori del corpo, e nemmeno monaco per implorare la misericordia divina. Sono filosofo e il mio compito è quello di lavorare al perfezionamento dell'universo, ma ciò esige che non ci si fermi alla superficie delle cose e che ci s'immerga nella loro profondità al fine di cavarne qualche verità utile oggi o tra qualche secolo! E poi non bisogna farsi travolgere dai teologi gaglioffi e soccombere loro, cosa che ho rischiato a Napoli, poi a Ginevra, e ho presentito ancora una volta a Tolosa qualche mese fa.»

Per il mio maestro la folla, oltre che pericolosa per il suo salvaticume, era anche nemica del pensiero che aspira a innalzarsi fino alla luce del cielo e disprezza il nostro affannarsi, e dunque invita a distogliersi dalla moltitudine. «Dalla moltitudine» aggiunse, «non è mai uscito nulla di prezioso o di degno: è sempre presso un picciol numero che si trovano cose che hanno valore e raggiungono la perfezione.» Ciò non gl'impediva di avere sempre riguardi per i più umili, anche se egli, ogni volta che era possibile, sceglieva la solitudine.

Poi mi raccontò di essere stato invitato qualche mese prima ad alcune sedute dell'Accademia del Palazzo, che si riuniva due volte la settimana al Louvre negli appartamenti privati del re e sotto la sua presidenza, per discutere di filosofia, retorica, poesia o anche di questioni naturali o di cosmologia. In una di queste occasioni egli disputò in particolare con Desportes su un argomento che gli stava a cuore: la legittima collera. Immagino che accadesse in presenza dei frequentatori abituali dell'Accademia: Ronsard, Jamyn, Pontus de Thyrard, Du Perron, Faur du Pibrac, Del Bene, Corbinelli. E anche delle signore de Retz e de Lignerolle che il re rispetta grandemente per il loro sapere e la loro saggezza. Ho sempre rimpianto di non aver assistito a quelle riunioni. Mi sarebbe piaciuto vedere il mio maestro in preda a un giusto corruccio contro gli aristotelici ottusi, gli sterili pirronisti, i grammatici pedanti e altre menti rigide, senza scordare coloro che passano la vita a disputare della lana caprina. Forse che il mio maestro non è l'immagine vivente di quanto la collera può avere di legittimo e il furore di eroico? Durante un'altra seduta, si trattò della superiorità delle virtù morali o delle virtù intellettuali e Bruno mi confidò di essere stato il solo, con Ronsard, a privilegiare quelle morali.

Il tempo frigido di dicembre rendeva ancor più accogliente la sala bassa del Piccolo Cluny, e il vino scendeva abbondante nelle strozze. L'atmosfera si scaldava, e chi pretendeva che si portassero tutti i vagabondi allo Châtelet e chi voleva che si espellessero dalla corte gli italiani venuti a oberare il popolo di tasse; c'era perfino chi si rammaricava che la notte di San Bartolomeo non fosse bastata! Alcuni se la prendevano con i borghesi e altri con i favoriti del re. In definitiva, soltanto i chierici e i domestici che costituivano la quasi totalità dei convitati sfuggivano a quella esecrazione universale!

Ripulite le scodelle, uscimmo dalla taverna e ci accordammo per rivederci l'indomani.

Passai il pomeriggio a preparare i bagagli per Orléans dove, dopo un anno trascorso a gingillarmi con la filosofia e le arti, avrei intrapreso, come concordato con mio padre, gli studi di diritto per poi assumere a tempo debito le funzioni familiari in Parlamento. Anche mio padre e i miei zii avevano fatto studi umanistici prima di intraprendere quelli di diritto ed esercitare la magistratura. Per loro era evidente che un magistrato incolto era da disprezzare. La biblioteca di mio padre comprendeva più di cinquecento volumi, egli aveva frequentato l'accademia di de Baïf, con il quale aveva seguito le lezioni di Dorat. E, quando Ronsard e Jodelle leggevano le loro opere dopo cena, insistevano perché lui leggesse a sua volta un sonetto di sua penna, ciò che lui faceva dopo molte resistenze e scusandosi del suo dilettantismo. Credo che tutto questo desse umanità e portata alla loro funzione e che essi nutrissero disprezzo per i loro colleghi che erano semplici giuristi. Avevo ovviamente l'ambizione di fare, una volta magistrato, qualcosa di più che dei sonetti. I figli credono sempre che supereranno il padre e, anche se si sbagliano, è così che il mondo va avanti.

Giungendo alla casa del Drappo d'oro l'indomani mattina, e non scorgendo Guillemette, evitai i Robillard, immaginando che ancora non parlassero d'altro che del massacro del giorno prima. Salii a tastoni la scala, come sempre al buio, e bussai alla stanza del mio maestro. Sentivo al di là della porta il mormorio di una conversazione che il mio arrivo interruppe. Un giovane vestito in modo strano, dall'andatura goffa, la fronte alta e bombata, stava in piedi davanti a Bruno. La conversazione riprese in latino e Bruno mi presentò quel William che arrivava da Londra e non parlava né francese né italiano. Si accingeva a partire e ci salutammo quasi subito dopo aver fatto conoscenza.

«Mi è stato mandato da John Florio, tutore italiano delle giovani figlie di Mauvissière, vostro ministro a Londra, con il quale ho alcune conoscenze in comune. È strano, ma quel giovane William si è sposato di recente, una quindicina di giorni fa, e ancor più stranamente è a causa del suo matrimonio che si trova a Parigi.»

«In viaggio di scoperta con la giovane sposa?»

«Niente affatto, l'ha lasciata dai genitori nella sua cittadina a nord di Londra, e d'altronde lei è molto meno giovane di lui. Solo che è rimasta incinta e i costumi puritani non scherzano con cose del genere. Ecco che a diciott'anni si ritrova sposato con una donna di ventisei e presto padre di famiglia ed esposto al ludibrio di tutti. Anche se non mi ha detto niente, si domanda se Anna, la donna in questione, non abbia approfittato della sua innocenza per mettere fine a un celibato già troppo protratto nel tempo. Appena svolta la cerimonia, sistemata in famiglia la sposa, è dunque scappato a Londra come se si sentisse preso in trappola. E poi, non parendogli quella distanza ancora sicura e offrendoglisi l'occasione di scoprire l'estero, eccolo a Parigi. Dice di nutrire interesse soltanto per il teatro, ma insomma, bisognerà pure che faccia ritorno là. D'altronde, ne conviene anche lui e chiede soltanto una tregua. Lo capisco.»

Bruno taceva, l'aria pensosa. Poi aggiunse:

«È figlio di macellaio.»

«Ovvero?»

«Tu non puoi capire, perché sei nato da un magistrato con biblioteca e incline alle cose dello spirito. E tuo padre e tuo nonno probabilmente lo stesso. Fino al tuo lontano antenato che per primo ha deciso che vivere non era soltanto spingere il proprio paio di buoi dal mattino alla sera, tutti i giorni della settimana e tutte le stagioni dell'anno, e anno dopo anno. O che bastasse commerciare, guadagnare scudi, onorare la moglie, riempirsi la pancia guardando la propria marmaglia crescere per fare il proprio dovere di vivente. È stato quell'avo a spezzare la linea del destino e a premettere che tu fossi quello che sei. E dunque m'incuriosisce sempre vedere un figlio di macellaio che potrebbe continuare a prosperare nella via di suo padre arrischiarsi nell'avventura del teatro.»

Invero, capii che ciò lo riportava a pensieri sulla

propria vita, sicché aggiunsi: «O della filosofia?» E, per la prima volta, lo interrogai sulla sua infanzia.

«Cosa faceva vostro padre?»

«Mio padre era soldato di una compagnia agli ordini del viceré. Quando ho lasciato Napoli, aveva il grado di gonfaloniere. Faceva la guerra e non c'era mai. Sono dunque vissuto con mia madre Fraulissa, che si sforzava di far fronte da sola alle durezze della vita. Mia madre era triste, io ero solo e mi annoiavo terribilmente. Trovavo i giochi dei miei coetanei stupidi e spesso crudeli. Mi hanno mandato a studiare da un prete, don Gian Domenico Iannello, ed ecco che lì il destino cambia il suo corso. Da principio si tratta d'imparare a far di conto, a leggere e scrivere e un po' di latino, e alla fine, nonostante i cattivi professori, i grammatici ottusi, i pedagoghi stupidi, ci si ritrova con il sapere come inoculato e l'impossibilità a vita di guarirne.»

«E dopo il prete di Nola?»

«C'è stata la scuola, poi l'università di Napoli, ma di questo ti parlerò un altro giorno. Questa visita mi ha fatto pensare a quella scintilla, a quella voglia di sfuggire alla stirpe famigliare per il tramite del teatro per lui, della filosofia per me. Così come William rifiuta di seguire l'impronta del padre e di guardar ingrossare la pancia della moglie, poi di gioire per la nascita di un erede o di una erede, dandosi da fare per accrescere il benessere familiare e acquistare una dimora più grande e avere altri figli ed essere nominato podestà del suo paese e ottenere altri onori e invecchiare e gioire dei nipotini, prima di addormentarsi per sempre; preferisce dare spettacolo e cercare d'indagare nell'animo umano. Con il rischio di essere mediocre se si ferma a metà strada o di raggiungere il punto che mette i brividi addosso se egli va fino in fondo. Insomma, in ogni caso in filosofia è così. Buffa scelta, no, se ci si pensa?»

«Ma si tratta davvero di una scelta?»

«No, hai ragione, non si sceglie mai veramente, giacché ovviamente sarebbe stato saggio restarsene a Nola ad ascoltare le cicale nell'odore del fieno tagliato e a godere delle feste della vendemmia ai piedi del monte Cicala e delle labbra freschissime delle mie cugine Laodamia e Giulia. Ma a che pro rifare ciò che è stato, duemila o mille o cinquecento anni fa, prima di andare a ingrassare la terra del cimitero di San Giovanni del Cesco? L'uomo è stato cacciato dal paradiso per aver assaggiato la mela della conoscenza, e non ha più avuto pace e ha dovuto lavorare, vestirsi e accettare il fatto di avere una fine. Ecco perché firmo i miei libri Bruno il Nolano. Non bisogna rinnegare di essere di qualche parte, anche se tornarvi innocente è impossibile. Ma allora occorre andare sino in fondo e io ho trovato in convento una mediocrità di pensiero che mi ha spinto a gettare la tonaca. Mi va bene di aver lasciato il paradiso, ma non per le paludi infernali del falso pensiero. Era l'argomento della mia conversazione con William prima che arrivassi tu.»

Devo confessare d'aver sentito una fitta di gelosia per quell'inglese che, al primo incontro col mio maestro, aveva affrontato un argomento fino allora assente dalle nostre conversazioni. Ma me ne feci una ragione e applicai un rimedio bruniano alla mia lieve irritazione: essere un Hennequin aveva i suoi vantaggi, era giocoforza che avesse anche i suoi inconvenienti. William e Bruno avevano una parentela contro la quale io non potevo niente e *basta così*!

Il martedì, quando in fine mattinata arrivai da Bruno, lui camminava avanti e indietro nella sua stanza e pareva ancor più nervoso del solito.

«Sembrate preoccupato.»

«È impossibile per i filosofi vivere soltanto nelle idee, la vita reale li riagguanta senza posa. E forse è meglio così, e, se non l'avessi voluto, non avrei dovuto far altro che restarmene tranquillo fuori del secolo nel mio convento.»

«Cos'è successo?»

«Sono nella carneficina del Gallo fino al collo!»

«Com'è possibile?»

«Ebbe', l'altroieri sera i due servi sono tornati come se niente fosse. Sono stati arrestati immediatamente e in capo a qualche ora si è accertato che erano stati al loro paese con le loro belle e vi avevano passato la sera del sabato a ballare e la notte a fare quello che ci si può facilmente immaginare, e la giornata di domenica a oziare prima del ritorno. Non appena gli hanno messo le mani addosso, sono stati interrogati separatamente, e le loro risposte corrispondevano in tutto e per tutto. E, come se non bastasse, degli arcieri mandati ieri mattina sul posto hanno raccolto testimonianze e sono tornati nel pomeriggio. I due servi sono andati, con il consenso di Heucqueville, a far festa con due sgualdrinelle, poi con le medesime hanno fatto altri bagordi da cui si erano ridestati molto tardi e affaticati, poi sono stati a pranzare alla locanda di Fontenay-sous-Bois e sono tornati, come convenuto con il padrone, domenica sera. La loro sorpresa di fronte ai fatti non era finta. Hanno avuto la fortuna di essere, una volta tanto, interrogati prima di finire impiccati! In ogni modo, bisogna trovare altri colpevoli.»

«Lo avete detto! Ma, a proposito, com'è che siete così ben informato di tutto?»

«Perché sono italiano. Come puoi immaginare, dopo questo smacco il tenente dello Châtelet, Dagron, ha capito che c'era da pensarci su. Ha dunque raccolto tutti gli elementi insoliti che aveva scoperto, e sono numerosi, e ha cominciato da quelli che non capiva.»

«Non vi seguo.»

«Ebbe', quel massacro è come tutti i massacri: una faccenda complessa. Non so tutto e sono convinto che mi abbiano nascosto dei particolari, ma il vecchio Heucqueville per esempio è stato crocifisso sulla porta della sala al primo piano e alla fine gli hanno ficcato un pugnale nel didietro. E il neonato non è stato sgozzato come gli altri ma sbattuto contro il muro fino a farlo morire. Infine, ciò che spiega il ricorso alla mia scienza, si sono trovate due scritte in italiano. Si è dunque cercato un traduttore e, essendo io l'italiano più vicino, ieri sera dopo la tua partenza sono venuti a cercarmi. Mi hanno aperto la casa della disgrazia, per fortuna sgombrata dei cadaveri, e chiesto di tradurre. Per farmi orientare è stato necessario darmi qualche informazione, anche se non mi hanno lasciato salire nella stanza di sopra dove tutti gli Heucqueville sono stati uccisi. Infatti, stranamente, soltanto la balia è stata uccisa al pianterreno; gli altri sette al primo piano. Ecco perché sono così ben informato!»

«E vi hanno chiesto altro, oltre che di tradurre?»

«No, certo, ma io me lo sono chiesto. Tanto più che Dagron, per essere un poliziotto, è un tipo molto simpatico. Per cominciare ha rispettato l'innocenza dei servi, anche se questo complicava più che mai il suo compito, e poi è uno con cui si tratta piacevolmente. In Francia come in Italia, un tenente può aver letto Petrarca, anche tradotto da De la Forge! Non è meraviglioso?»

«E le scritte in italiano?»

«La prima semplicissima nel suo enunciato ma scritta sul muro col sangue. Capisci, un dito intinto nel sangue che si è appena versato. Non è comunque cosa di tutti i giorni. E che peccato che non si possa distinguere un sangue dall'altro, e sapere di quale si è servito l'assassino per questo strano esercizio di scrittura. Sono sicuro che aiuterebbe a vederci più chiaro sapere se si tratta del sangue di Heucqueville, di sua moglie, dei suoi figli, di sua sorella o di suo padre. E che peccato, anche, che non si possa riconoscere la firma di un dito. Hai mai notato come le impronte, a osservarle attentamente, differiscono l'una dall'altra, e da una persona all'altra? Dunque, sul muro c'era scritto *Ricorda Leone.*»

«E allora?»

«Allora niente. Non ho nemmeno visto la scritta, che è nella sala del primo piano dove non mi hanno invitato. Ho tradotto e finita lì. Ho fatto soltanto notare che ciò esortava a cercare un contesto che desse senso a ciò che in quanto tale non ne ha.»

«Ovvero?»

«Ovvero mettere insieme tutto ciò che si riesce a trovare sulla famiglia Heucqueville per scoprire un legame con la frase, che non può non essere importantissimo. Gli assassini di otto persone intingono un dito nel sangue di una delle vittime e scrivono due parole su un muro. È sicuramente capitale, ma per il momento indecifrabile. Dagron era d'accordo. Ti ripeto: è un uomo intelligente, ma non ho alcuna idea circa i suoi metodi. Tutto ciò che so è che ha preferito complicarsi la vita rispettando l'innocenza di due colpevoli ideali. È dunque una persona che crede alla verità.»

«E la seconda frase?»

«Più lunga e più facile. Scritta su un foglio a quanto pare lasciato sul tavolo e che mi hanno mostrato. *Ché s'approccia la riviera del sangue in la qual bolle qual che per violenza in altrui noccia.*»

«Stavolta è molto semplice.»

«Sì, apparentemente; d'altronde è quanto ha detto Dagron, e tuttavia non più di tanto.»

«Perché?»

«Perché, se è facile capire l'allusione alla vendetta, è pur vero che gli Heucqueville erano librai e non spadaccini. A parte la giusta catalogazione di un testo latino o l'intelligenza di un lettore, a chi mai possono aver fatto violenza? E poi perché si tratta di una citazione... da Dante, l'*Inferno*. Sul momento non ritrovavo la fonte, ho dovuto pensarci su: si tratta proprio di due versi del canto XII. Cosa dedurre da tutto questo? Molte cose. Anzitutto che è un massacro perpetrato da gente colta, letterata e che sa scrivere. E propenderei a dire italiana, anche se un francese istruito che legga l'italiano avrebbe potuto scrivere facilmente le prime due parole e conoscere la citazione da Dante. Ma perché in tal caso occultare la propria lingua naturale, dato che non c'è intendimento di farsi passare per qualcun altro? Infatti, con tutta questa messinscena, per me la scritta è di un italiano e si tratta di una vendetta. Due uomini, giacché si conferma che erano proprio due, hanno voluto vendicarsi della famiglia Heucqueville cancellandola dalla faccia della terra, e in modo che si sappia e si veda. E hanno voluto dichiarare che si trattava di un delitto italiano. Aggiungo, particolare non privo d'importanza, che nulla a quanto pare è stato rubato. Il forziere di Heucqueville era intatto, come pure il borsello nelle calze, e non hanno nemmeno tolto i braccialetti e la collana alla sposa. Anche qui gli assassini non hanno affatto cercato di far pensare al delitto di un ladro. Si tratta di una vendetta, e farla recepire come tale è parte integrante di essa.»

«Sono deduzioni vostre o di Dagron?»

«Mie, di cui ovviamente metterò a parte il tenente, se mi fa l'onore di domandarmele. Vedi, un delitto è come un testo filosofico, va studiato seriamente. Bisogna tornare alle fonti, smontarne il meccanismo, sottoporlo a tortura, e rispettarne la coerenza. È quanto farò con quel massacro. Ho voglia di capire, forse perché si tratta di un delitto di letterato italiano, un collega, in un certo senso!»

«E come pensate di procedere?»

«Prima m'informerò sugli Heucqueville, e tu mi aiuterai. A proposito, cosa sai di loro?»

«L'altro giorno, non molto, ma ieri ho visitato alcune librerie di rue de Jouy e ho saputo che Nicolas era entrato nella casa del Gallo da oltre vent'anni, che era sposato con una damigella Huguelin da cui ha avuto due figli e che è morta al secondo parto. Che si era risposato un anno fa con la figlia di un altro libraio, Gilette Sevestre, di soli diciassette anni, ciò che di solito fa chiacchierare e sorridere tutto il vicinato. Nicolas aveva buona reputazione sia come uomo sia come libraio. I suoi figli cominciavano a lavorare con lui. Sua moglie era molto graziosa, ma commercianti e vicini la trovavano un po' altera per la sua giovane età.»

«Ah! Niente male! Ma nulla che non abbia già appreso per mio conto. E il padre?»

«Non ho preso informazioni su di lui.»

«Ebbe', ho alcune leghe di vantaggio su di te. Ovviamente, non potevi conoscere il modo particolarissimo in cui gli assassini l'hanno conciato. Questo padre dunque era orafo, aveva bottega sul Pont-au-Change, che ha venduto sette od otto anni fa per alloggiare con il figlio.»

«Aveva altri figli?»

«Soltanto una figlia, Jeanne, che si è occupata dei figli di Nicolas quando lui ha perso la prima moglie.»

«Dunque gli assassini hanno crocifisso il padre, sgozzato i suoi due figli, sua nuora e i suoi tre nipoti, e così facendo hanno cancellato tutto quel ramo degli Heucqueville.»

«Ah, cominci a capire. Vedi che, al di là dell'apparente disordine, si delineano alcune direttrici. E ti ricordo che la serva è stata uccisa al pianterreno. La sala in alto è stata riservata agli Heucqueville di sangue o acquisiti come la giovane dama. È diventata una stanza-altare del sacrificio. Ma tu hai appena sottolineato la constatazione più evidente: si è sradicato nel modo più definitivo un ramo degli Heucqueville. Si sa più o meno in quale modo, anche se mi mancano alcuni particolari che hanno la loro importanza: in quale ordine, con quale mezzo preciso, con quale altra sconvenienza notevole eccetera. Adesso, resta da sapere perché. E per questo bisogna trovare un filo da tirare. Non sapendo quale, si procederà per eliminazione. Lasciamo dunque da parte la serva, che evidentemente ha avuto il solo torto di trovarsi lì al momento sbagliato. Eliminiamo il neonato, sicuramente troppo giovane per aver suscitato un simile odio. Abbiamo ancora Nicolas e sua moglie, suo padre, sua sorella e i suoi due figli. Cominceremo dai più giovani. Soltanto con l'età i segreti di famiglia si radicano in profondità ed è dunque più difficile dissotterrarli. Andiamo prima alla terra fresca: i due figli e la giovane sposa. E qui ho bisogno di te.»

«Perché?»

«Io sono straniero, si sente non appena apro bocca, e alla minima domanda su questo argomento mi guarderebbero storto. La chiacchiera insignificante, in linea di principio, mi è vietata. Per te, in compenso, è assai facile. I figli e la sposa erano ancora troppo giovani perché un eventuale fallo grave da parte loro non sia ancora nelle menti del quartiere in cui essi sono sempre vissuti. Se come sospetto la loro esistenza è senza asperità, i giudizi su di loro assolutamente lisci, non ci resterà allora che il nocciolo duro della famiglia: il padre, il figlio e la figlia Jeanne. Dunque, andrai a spasso, farai domande e cercherai di sapere se i due figli erano litigiosi, scapestrati o donnaioli, e se la piccola Gillette era sfacciata o ha suscitato suo malgrado qualche passione infocata sulla quale il suo matrimonio abbia agito come il tiraggio di un camino. Basta che tu vada a spasso nel quartiere, porti la conversazione sull'argomento, cosa che in queste ore è assai meno difficile che cercare di parlar d'altro, e lasci che le comari si sgolino. 'Ah, mio bel signore, che disgrazia'. 'Era una ragazzina così ammodo. Mi pare di vederla che accompagna sua madre al mercato, e non ha potuto nemmeno godersi il suo bambino', o ancora: 'Gentile ma sfrontata, da piccina guardava già gli uomini dritto in faccia, era scritto che dovesse finire così'. Insomma, vedi tu. Diciamo che in poche ore avrai un parere generale, e noi ci faremo la nostra idea.»

Il mio maestro dovette capire dalla mia aria divertita che veder applicare la sua logica a una realtà così lontana dalle sue alte cure abituali non mancava di sorprendermi. Presi congedo e, scendendo le scale, lo sentii riprendere a camminare avanti e indietro per la sua stanza.

Passai il pomeriggio nelle rue de Beauvais, de Carmes, de Noyers, du Plâtre e de la Parcheminerie, a bighellonare di bottega in libreria, di pozzo in taverna, dove andavo ogni tanto a riscaldarmi. Come mi aveva predetto il mio maestro, il mio compito era facile. Mi bastava buttar lì a bella posta un «Che disgrazia!» o «Parigi è diventata una Babilonia», o anche «Ma cosa fa lo Châtelet?» perché l'interpellato, dopo qualche lamento generico dello stesso tenore, che era come un'accordatura dei propri strumenti, non mi desse immediatamente la sua testimonianza. Spesso insignificante, si aggiungeva comunque all'opinione pubblica con quanto essa ha di rivelatore. Talora il commento era personale e aggiungeva un tocco interessante alla mia indagine. Non si trattava di un procedimento logico a tutta prova, ma per una sorta di fenomeno di accumulo contribuiva alla formazione di un'impressione generale di cui si poteva tener conto. Alla fine della giornata, conoscevo globalmente l'esistenza breve e assai scipita dei due ragazzi Heucqueville e della giovane sposa. Preso dal gioco, decisi di oltrepassare i limiti della mia missione e interrogai mio padre sugli Heucqueville e in particolare sull'ex orafo. Tutto ciò non fu privo d'interesse. L'indomani mattina, fierissimo di me, arrivai di buon'ora dal mio maestro.

«Cos'avete fatto, da ieri?»

«Ho riflettuto, ma senza approdare a nulla. Ho anche parlato con il tenente per strada e abbiamo bevuto insieme.»

«E allora? Cosa vi ha rivelato?»

«Ah no, tocca prima a te, un po' di rispetto per la gerarchia! In un'indagine, è indispensabile quanto su un campo di battaglia! Hai ben chiacchierato?»

«Benissimo e, come avevate previsto, con la massima facilità.»

Assunse l'aria modesta di colui al quale l'esperienza di vita ha dato un vantaggio reale ma attribuibile più all'età che al suo merito vero e proprio.

«Vieni al dunque. Dei tangheri, degli ignoranti, i due ragazzi?»

«Dunque la gente non chiede altro che di parlare.»

Nonostante la gran voglia di conoscere ciò che avevo saputo, non poté fare a meno di dar prova della sua conoscenza degli esseri umani.

«Ovvio che non chiedono altro che di parlare. Basta tacere. La gente ha paura del silenzio e ha una voglia inesauribile di parlare di sé. E poi un massacro terrorizza, e non possono fare a meno di pensare che sarebbe potuto capitare anche a loro. Dunque parlarne, raccontare aiuta a esorcizzare, a scacciare le paure.»

«Esattamente: si ha l'impressione che parlarne li protegga.»

«D'altronde, forse noi facciamo lo stesso indagando. Allora, questi risultati?»

«I fratelli, prima. Niente di particolare. Allevati dalla zia, studi nel collegio Sainte-Barbe, poi timidi inizi nella bottega del padre, da loro accompagnato a Francoforte per la prima volta questo autunno. Mai fastidi con le guardie, niente risse, niente bettole, dei ragazzi modello, obbedienti e un po' scialbi, essendo sempre vissuti nell'ombra del padre. Mi stupirebbe dopo tutto quello che ho sentito che vi fossero segreti, da questo lato: loro non hanno mai lasciato la casa del Gallo e dunque il quartiere, e non ho colto una sola voce discordante.»

«E la giovane?»

«Stessa pasta. È cresciuta sotto le gonne materne. E poi, appena in età, un matrimonio combinato da suo padre e Heucqueville. Non si sa se la donzella fosse entusiasta o rassegnata, ma nessun sospetto di uno spasimante segreto. E, poi, orgogliosissima di essere diventata una signora. Molto signora Heucqueville, sgarbata con i domestici, arrogante con i commercianti e i vicini. Subito incinta come per far tacere le malelingue sull'età avanzata del marito. Resa più bella dal matrimonio e da ciò che è seguito.»

«Sì, capita spesso alle donne.»

«Siamo lontani dal vostro Boccaccio. Sarebbe arrivato anche il momento della giovane sposa delusa dalle prestazioni del marito barbogio, ma non per il momento. Quanto al detto che l'amore rende folli i vecchi e saggi i giovani, impossibile verificarlo.»

«Niente male. Ti manca un particolare. La sua dote fu insignificante, del tutto simbolica. Heucqueville era smanioso, avendo urgenza per motivi evidenti di convolare a nozze prima che fosse troppo tardi. In fatto di dote si è accontentato della giovinezza e della bellezza rigenerante della pulzella. Ammesso che potesse godersela. Era dunque ricco, e il padre della sposa Louis Sevestre faceva un affare. Senza sborsare un quattrino, si è alleato con un collega, librario giurato, molto più importante di lui. A prima vista la signorina era alquanto soddisfatta della sua sorte: nessun motivo serio, da questo canto, per avercela con gli Heucqueville e con un simile furore. Restano dunque il padre e il figlio.»

«E Jeanne, la sorella di Nicolas!»

«Sì, hai ragione, ma poco da sperare, qui. Zitella, dal fisico ingrato, che ha badato alle faccende domestiche del padre fino alla vedovanza del fratello: allora è passata a occuparsi dei figli e della casa di quest'ultimo. Vedi, non abbiamo saputo niente, ma adesso possiamo concentrare le ricerche sui due uomini della famiglia, il problema è molto più semplice.»

«E la vostra conversazione con Dagron?»

«Ebbe', gli ho detto che il messaggio era di Dante e in cambio lui mi ha raccontato la storia della dote, o meglio dell'assenza di dote, e perciostesso che gli Heucqueville erano molto ricchi. Sarebbero proprietari di sette od otto appartamenti del quartiere di cui incassano gli affitti. E poi avevano interessi nel commercio e nella banca di Lione, di cui la famiglia era originaria.»

«Chi era ricco, il padre o il figlio?»

«Il padre, ma padre o figlio è la stessa cosa quando l'uno ha più di ottant'anni e l'altro non ha fratelli.»

«Dunque ricco e che vive senza ostentazione in rue de Latran.»

«Sì, al modo lionese o, da noi, piemontese.»

«Denaro, ma che non serviva. A parte questo, un tenore di vita agiato ma niente di più.»

«Si può anche pensare che il padre, sia per educazione sia per l'età, si curasse poco del lusso, ma forse le cose sarebbero cambiate dopo la sua morte; il denaro sarebbe davvero appartenuto a Nicolas e lui avrebbe potuto aver voglia di appagare col lusso la sua troppo giovane moglie. Avrebbe potuto vendere alcuni dei suoi beni per farsi costruire un palazzo in un quartiere alla moda come il Marais. Avrebbe anche potuto comprare delle cariche per i figli, più prestigiose del lavoro di libraio-editore. In ogni caso lui, il padre, accantonava, ma non ci teneva darlo a vedere.»

«Giustappunto, è sul conto del padre che ho saputo le cose più interessanti.»

«E perché non lo dici?»

«Non mi avete né interrogato né tampoco sottoposto alla prova del silenzio.»

«Benissimo. Parlo molto. Quindici a zero, come si dice a pallacorda. Ma vieni al fatto.»

«Capendo che la pista dei figli e della moglie sarebbe stata deludente, ho interrogato mio padre sugli Heucqueville, e quanto mi ha raccontato è molto interessante. Guillaume, il padre, era dunque orafo di antica famiglia lionese. Era venuto a esercitare a Parigi negli anni Quaranta. La sua attività era molto florida ma niente di più. E poi vi furono gli incidenti dell'agosto '72.»

«E, a proposito, come spieghi quel che è successo il 24 agosto? A quel tempo, dal fondo del mio convento, ci è parso frutto della giustizia divina. Più tardi, a Ginevra e a Tolosa, ho capito che come suo solito Dio aveva usato per la sua giustizia terrestre appetiti del tutto umani e allegramente massacranti.»

«Io avevo dodici anni e mio padre mi ha proibito di uscire di casa. Per lui, magistrato, tutto è umore d'uomo più che di ordine divino, e ha subito parlato di 'follia di popolo'. Il clero era furente per il matrimonio di Margot col Bearnese e aveva soffiato sulle braci a pieni polmoni. Lo spagnolo aveva unto le mani dei Guisa perché aggiungessero la legna minuta necessaria, e l'arroganza dei signori protestanti era grande. La città ha perso la testa come un pazzo furioso che uccide tutto ciò che incontra.»

«E come si è accesa l'esca?»

«Il 22 agosto, ovvero quattro giorni dopo la cerimonia del matrimonio, l'ammiraglio Coligny, che aveva appena accompagnato il re a giocare a pallacorda, se ne tornava a casa quando in rue des Poulies è stato colpito da un'archibugiata. Sarebbe morto se nello stesso momento non si fosse abbassato per sistemarsi la babbuccia. Una palla gli ha portato via l'indice e un'altra lo ha ferito al braccio sinistro prima di ficcarglisi nell'osso del gomito.»

«Da dove veniva il colpo?»

«Non si sa chi ha ordinato di sparare all'ammiraglio, ma sicuramente non la Medici che si era tanto adoprata per il matrimonio di Margot ed Enrico e per questo si era inimicata il partito dei cattolici. Forse i Guisa che detestavano l'ammiraglio ed erano gelosi della sua influenza su re Carlo, o gli spagnoli, i quali temevano che inducesse il re a intervenire nelle Fiandre. O forse entrambi, i Guisa che complottavano e i ducati spagnoli che alimentavano l'effervescenza. O ancora una vendetta privata come se ne sono accumulate in dieci anni di disordini e che ne approntava altre. La regina, Enrico, i marescialli Tavanne e Retz e il guardasigilli Birague hanno probabilmente temuto la reazione degli ugonotti e il vantaggio morale che Coligny poteva trarre dal re. Ora, intervenire nelle Fiandre, e dunque far guerra agli spagnoli, nello stato di spossatezza della Francia, sarebbe stata follia. E poi era un'occasione troppo bella per sbarazzarsi delle poche decine di capi militari protestanti allora presenti a Parigi. Da cui l'assassinio dell'ammiraglio nel suo letto verso le quattro della notte tra sabato e domenica, giorno di San Bartolomeo. Poi, all'alba, l'uccisione dei principali capi ugonotti che si sono riusciti a scovare, con eccezione di Enrico di Navarra e di Condé, risparmiati perché di sangue reale. E di Montgomery, Fontenay, del visdomino di Chartres e qualche altro che, prudentemente, erano rimasti ad abitare in faubourg Saint-Germain ed ebbero il tempo di fuggire. Mio padre pensa che nello spirito dei

Valois ci si doveva fermare lì. Era pura chirurgia. Si trattava di amputare la parte malata del regno.»

«E cos'è stato a far sì che la follia omicida dilagasse in tutta la città?»

«Ciò che non avevano previsto è che la popolazione si sarebbe infiammata e avrebbe trasformato la purga limitata in massacro civile. Era molto caldo, il rito del matrimonio sul sagrato di Notre-Dame aveva turbato più d'uno, la presenza a Parigi di tutti quei signori protestanti che si pavoneggiavano riccamente vestiti era apparsa come una provocazione, dopo tutti quegli anni di guerra. E poi quei parroci rabbiosi, Boucher a Saint-Benoît, Pelletier a Saint-Jacques-de-la-Boucherie, Aubry a Saint-André-des-Arts e anche Hamilton, Lincestre, Cueilly-Poncet, che ogni domenica nelle loro omelie di odio invocavano la Santa Crociata... Erano loro a dar esca ai disordini, e il fuoco si diffuse in tutti i quartieri di Parigi, con l'effetto di una scintilla nella paglia secca. Dopo aver invano fatto appello alla calma, il re d'altronde è rimasto per tre giorni prudentemente rinchiuso al Louvre onde non essere costretto a constatare l'insubordinazione dei suoi parigini. Ma dietro quel grande 'repulisti' dell'impurità, provocato dal desiderio di far arretrare il Male al fine di poter 'essere fruitori del paradiso', si sono insinuati non pochi tiri mancini».

«Vuoi dire che dietro la crociata contro il Male c'era chi approfittava?»

«Come in tutte le rivolte cosiddette legittime, si sono compiuti anche dei regolamenti di conti personali, vendette tenaci e delitti semplicemente immondi.»

«E il rapporto con Heucqueville padre?»

«...e i tre giorni di 'Vespri parigini' hanno visto mescolarsi le due cose. Per alcuni, essere ugonotti significava soltanto avere denaro o eredi famelici o semplicemente dei nemici astiosi. Così, il libraio Oudin Petit fu ucciso per istigazione del cognato Kerver in lite con lui per una spartizione. O la moglie del merciaio Jean de Coulonge consegnata dalla propria figlia a dei sicari, uno dei quali era il suo marito segreto. E il pannaiuolo Pierre Feret e sua moglie uccisi dai nipoti. E La Ramée ucciso da alcuni studenti mandati dal suo avversario alla Sorbona il decano Charpentier, da tempo in disaccordo con lui sulla filosofia di Aristotele e sull'insegnamento della matematica.»

«Sì, sempre la stessa cosa. Non appena gli eventi precipitano, l'uomo torna a essere, e in peggio, l'animale che non ha mai smesso di essere veramente.»

«E beninteso il Pont-au-Change, con i suoi orafi, gioiellieri e mercanti di pietre preziose, diventava per l'occasione un nido – ricco – di luterani. Le botteghe furono saccheggiate, i forzieri svuotati, l'oro e i diamanti sottratti e i testimoni uccisi. Dio riconoscerà forse i suoi ma, nell'attesa, alcuni si sono arricchiti e la giustizia degli uomini è impotente a distinguere il cadavere di un riformato autentico da quello di un buon cattolico privato tanto dei beni quanto della vita! I disaccordi teologici hanno a volte le spalle grosse.»

«Ma torniamo a Heucqueville padre. Cos'ha a che fare in tutto questo?»

«Cessato il diluvio di sangue, asciugata da poco la terra, si sono cominciati a diffondere i bisbigli e le voci circa quanto era successo nella provvidenziale oscurità di quelle notti d'agosto, brevi ma intense. Alcune false, altre vere, ma come raccapezzarsi? E, tra esse, quella inverificabile che Heucqueville padre si era sbarazzato di un collega e aveva fatto man bassa del contenuto della sua bottega e del suo laboratorio.»

«E poi?»

«Niente. Mio padre non ricorda altri particolari e per mestiere prende le dicerie con le pinze. Per lui la diceria è un fatto, il suo fondamento un altro che egli ignora. Semplicemente, quando gli ho parlato di Heucqueville, quello è stato il primo pensiero che gli è venuto in mente. E quando voi stesso avete detto che bisognava risalire indietro nel passato...»

«Se non altro, ecco una pista che, se accertata, potrebbe dar luogo proprio a questo tipo di vendetta. Infine, ma forse è soltanto una coincidenza, i fatti in questione hanno giusto dieci anni.»

«E come verificare le voci?»

«Questo è più difficile. La diceria è per definizione volatile e inafferrabile. Per giunta, sono passati dieci anni, i ricordi si sono sgretolati, le coscienze hanno trasformato lo svolgimento dei fatti. Bisogna dunque ritrovare dei testimoni affidabili e consultare negli archivi dello Châtelet i verbali e i rapporti di polizia. E qui non possiamo fare a meno di Dagron e dei suoi birri. E poi anche lui lavora, e riflette sul caso dal canto suo, è addirittura il suo mestiere. Occorrerebbe dunque avere un colloquio con lui, per vedere se è al nostro stesso stadio delle ricerche. Se la voce è arrivata a tuo padre, a maggior ragione avrà raggiunto un tenente dello Châtelet; e, siccome è una mente arguta, agirà con ingegno.»

«Mio padre ha cinquantotto anni e Dagron forse non più di trentacinque: possibile che la voce sia perdurata tanto da giungere alle sue orecchie?»

«Potrebbe, come te, essersi informato. In ogni caso, la cosa migliore è incontrarlo.»

L'indomani mattina andammo al mercato Maubert. Avevamo difatti convenuto che era cosa più scaltra incontrare Dagron per caso anziché recarci al suo domicilio in rue des Carmes, dove manteneva l'ordine e riceveva le lagnanze del quartiere. Già nelle strade circostanti la piazza la calca era notevole.

«I parigini» mi disse Bruno, «sono sempre agitati e sempre attivi. Le loro azioni si succedono con tanta rapidità che ne principiano mille senza averne finita una.»

Quantunque egli fosse a Parigi da più di un anno, c'erano ancora grida di ambulanti che, nella confusione, Bruno non capiva e che io gli spiegai come meglio potei.

Arrivati sulla piazza, fu come al solito meravigliato dalla quantità e varietà di cibarie a disposizione, sui banchi o su semplici carretti a mano: pollame, lepri, capretti, cinghialini, formaggio di Brie o di Auvergne, burro di Vanves, pan pepato, pasticci caldi parigini.

«È incredibile: sebbene la popolazione sia innumerevole, nulla manca e tutto sembra cadere dal cielo. Nemmeno a Rialto ho visto una simile esposizione di buone cose. Viene da domandarsi se esistano pance a sufficienza per mandar giù tutto questo.»

Sentivo che lui, il frugale che si nutriva con un'oliva o un tozzo di formaggio, salvo quando la signora Robillard lo costringeva, non era insensibile a ciò che c'era di vivo, a dir poco, in tutti quegli odori, quelle grida, quel tumulto.

All'angolo di un banco c'imbattemmo in William, l'inglese conosciuto da Bruno. Anche se lampantemente timidissimo, fu lui a vederci e abbordarci. E lì tra la folla avviarono una discussione sul teatro italiano. L'inglese che voleva fare l'attore aveva fin dal suo arrivo in Francia sentito molto parlare dei gruppi italiani che avevano recitato a Parigi negli ultimi anni. E giù a citare Ganassa, Anton Maria Soldini, Tabarino,

Battista Lazzaro e soprattutto i Gelosi, così amati dal nostro re che egli li ha convocati espressamente perché si esibiscano davanti a lui. A William avevano decantato le lodi della loro buffoneria e vivacità e soprattutto del loro modo d'improvvisare. Bruno, che li aveva ammirati a Venezia, annuì. Poi parlò del *Candelaio* e il mio maestro gli disse che, quantunque definito «commedia», non si sarebbe mai potuto recitarlo su un palco. «È un brano di filosofia e dunque scritto per essere letto». Poi nella calca cominciarono a parlare dei tanti soggetti reperibili nella letteratura italiana. Tutti presi dalla loro conversazione, parevano non sentire il rumore circostante. L'inglese sembrava così interessato agli autori citati da Bruno che questi lo invitò a passare da lui per poterne parlare più comodamente.

Sapevo che Dagron, ogni volta che gli era possibile, si recava lì nei giorni di mercato onde prevenire con i suoi arcieri gli incidenti della ressa, le dispute delle megere, i litigi dei mendicanti, le rozzezze degli acquaioli, e per tenere sott'occhio i ladruncoli, i borsaioli, i giocatori di bussolotti. Come previsto, lo incontrammo «per caso» accanto alle guardie daziarie all'insegna del Re e della figura di Giustizia. Era visibilmente entusiasta dell'incontro e ci invitò a ritrovarci di lì a poco al Pichet, in rue de Bièvre, per pranzare.

III

Senza avere l'eleganza della Pecora bianca o della Pigna con le loro tovaglie candide, il Pichet era leghe al di sopra delle nostre abituali osterie. Dagron vi faceva il comodo suo, e fummo accompagnati in fondo al locale a un tavolo isolato in una rientranza di finestra dove lui ci aspettava. Era grande e grosso e tutto in carne quanto Bruno era piccino, magro e secco, e il suo boccale era pieno fino all'orlo di vino di Suresnes. Aveva già cominciato a piluccare l'ammorsellato di cosciotto di castrato che si trovava al centro del tavolo. Ci accolse con un detto del Poitou che cominciava con «*Doy me lèche*» e il cui seguito mi sfuggì. Il mio maestro mangiava con frugalità e beveva soltanto acqua appena tinta di rosso. Dietro la loquacità e i gesti impazienti, Dagron rivelava però soltanto ciò che voleva. Come mi disse Bruno in seguito, aveva la facondia prudente.

«Allora, caro maestro. Sono sicuro che non vi siete limitato a rileggere Dante. Avete saputo quanto basta per aver voglia di capire meglio. Infatti voi amate i problemi da risolvere, altrimenti non sareste filosofo. E poi questi fatti della realtà non sono, per un frequentatore dell'astratto, quasi una distrazione dello spirito?»

«Certo, ma io sono un dilettante. I miei rapporti con la realtà sono sempre un poco goffi: si continua a cozzare contro ostacoli che lasciano lividi sul corpo.

La vita delle idee è per definizione un ostacolo in sé, in essa si è di punto in bianco più cauti. E poi in filosofia sappiamo dove si trovano le cose importanti: acquattate in fondo al nostro spirito o nei libri raccolti nelle biblioteche; instaurare una gerarchia tra gli elementi della realtà sublunare è molto più arduo.»

«Suvvia, suvvia, coloro che sono fuori del gioco lo seguono spesso meglio di chi vi è impegnato direttamente, così come chi assiste a uno spettacolo o a una partita di scacchi, e voi avete logica a sufficienza per deliberare in modo giusto. Avete immediatamente indovinato l'importanza relativa delle due tracce in italiano che gli assassini si sono lasciati dietro. Quella di Dante è più lunga ma fornisce il messaggio più semplice da decifrare e più succinto: vendetta. E fa tanto assassino colto. Ma le due parole scritte col sangue sul muro sono, nonostante la loro laconicità, ben più complesse e forse rivelatrici.»

«Sì, il problema è che non si sa di cosa: il senso di una parola dipende dalla frase che la circonda e dalla posizione che occupa in essa. Il significato di quelle due parole apparirà dunque soltanto se si riesce a reinserirle nel loro contesto.»

«Siamo dello stesso parere. Quelle due parole sono la chiave, ma manca la serratura. È una situazione più problematica di quella contraria. È più facile fare una chiave falsa che una falsa serratura, e soprattutto sapere che cosa chiude!»

«Bisogna dunque scoprire la serratura che nella storia degli Heucqueville corrisponde a quelle due parole.»

«Precisamente, e ci stiamo studiando su. Ma voi, a che punto siete con le vostre riflessioni?»

La conversazione era molto interessante da seguire per lo spettatore che ero. Nessuno dei due voleva aprirsi per primo e nello stesso tempo ciascuno dei due sapeva di dover concedere qualcosa per apprendere dall'altro.

«Sapete, a parte leggere l'italiano, non ho competenze specifiche nella ricerca della verità. Ho soltanto il mio buonsenso, che certamente non è la cosa meglio distribuita del mondo; mi sorprenderebbe dunque se potessi rivelarvi alcunché. Ma, insomma, vediamo. Le mie prime conclusioni sono che c'è stata vendetta, e che si è voluto cancellare una famiglia dalla faccia della terra e fare in modo che si sapesse. E infine che il solo elemento di spiegazione è nelle due parole *Ricorda Leone*. La sola possibilità di capire qualcosa è risalire indietro nella storia degli Heucqueville, ovvero di ciascuno dei membri della famiglia. E secondo me può trattarsi soltanto di Heucqueville medesimo o di suo padre: bisogna frugare nel loro passato.»

Vidi che, se il mio maestro non aveva rivelato niente a Dagron, costui apprezzava quella messa in bella della situazione con poche frasi. Probabilmente ciò lo distraeva dal caos emozionale che nasce di solito in casi di massacro.

«E cosa cerchereste nel passato degli Heucqueville?»

«Non lo so, perché ignoro cosa devo scoprire. Ma, se ne avessi i mezzi, m'interesserei a Heucqueville orafo.»

Lì Dagron parve più sorpreso. Evidentemente, aveva lui stesso sentito quella voce, l'aveva trovata interessante e scopriva che Bruno nella sua mansarda aveva proceduto di pari passo con lui. Io me ne stavo in silenzio, ma non per questo ero meno fiero di ciò che la mia indagine aveva fornito al mio maestro.

«Perché Heucqueville orafo?»

«Tenente, lo sapete benissimo. E, anche non essendo sicuri che sia la serratura buona, non la si può trascurare. Una voce che lega un massacro a un periodo di massacro di cui corre il decimo anniversario è per forza interessante. Ma forse voi vi siete già spinto più lontano.»

Le carte tornavano al tenente, che avrebbe potuto rifiutarle ma, forse, aveva capito che continuare a parlarne con Bruno poteva tornargli utile.

«Un poco, ma non enormemente. Lo stato delle nostre riflessioni è più o meno lo stesso. Ma voi, se aveste i mezzi della polizia per indagare, cosa cerchereste in Guillaume Heucqueville?»

«Per farla breve, e dunque senza peraltro presagire ciò che troverò, rovisterei nei tre giorni e nelle tre notti di San Bartolomeo onde scoprire se sono stati assassinati e derubati degli orafi, gioiellieri o cambiavalute italiani.»

Il tenente si servì altro Suresnes e brindò toccando quello d'acqua arrossata del mio maestro.

«È ciò che stiamo facendo.»

Lasciò passare qualche istante di silenzio e aggiunse: «Ne abbiamo trovati due».

Stranamente, pareva che la conversazione avesse totalmente isolato il nostro tavolo dal brusio della sala principale della locanda. Il mio maestro non voleva porre domande immediatamente, era stato lui finora a parlare più a lungo. Dagron voleva far capire che non era obbligato a parlare, e per la prima volta rivolse la parola a me:

«E cosa pensano gli Hennequin, di tutto questo?»

«Gli Hennequin non so, ma quanto a me sono curioso di sapere che fine hanno fatto quei due italiani.»

Dagron riempì i tre bicchieri di Suresnes, il suo fino al colmo.

«Ebbe', per sommi capi, dal momento che non si può dire che gli archivi dello Châtelet siano ricchi in proposito, quasi che i magistrati e la polizia fossero stati superati dagli eventi, ciò che in un certo senso è vero. A meno che non si sia ritenuto che, meno il fatto fosse stato registrato, più possibilità avrebbe avuto di cancellarsi in fretta dalla coscienze. Ma sarebbe un grave errore: ciò che non è scritto ha vita ancora più lunga. In ogni caso, attraverso testimonianze ritrovate e alcuni documenti ufficiali, si è scoperto che tra il 25 e il 27 agosto furono uccisi un orafo italiano di nome Pieruzzi, nella sua bottega vicino a Saint-Jacques-de-la-Boucherie, e un gioielliere del Pont-au-Change di nome Mazzotti. Noi indaghiamo su quest'ultimo.»

«Perché lui?»

«Perché pare che Pieruzzi fosse valdese e dunque in qualche modo sia stato ucciso 'legittimamente', se così si può dire.»

«Legittimamente in che senso?» domandai.

«Il signor Bruno conosce certamente meglio di me la storia di questa setta nata a Lione più di quattro secoli fa e poi sciamata in Piemonte, in Umbria e pare finanche nel sud d'Italia. Secondo ciò che ho capito, ci sarebbe stato un avvicinamento ai calvinisti, nonostante certi dissapori teologici importanti. In ogni caso, in una rivolta, protestante o valdese poco importa, e Pieruzzi valdese è morto sgozzato come un luterano o un calvinista di fresca tradizione. Di notte tutti i gatti sono grigi, nevvero, e si va all'essenziale: uccidere allegramente il prossimo ridendosela delle sottigliezze teologiche sul libero arbitrio o sulla consustanziazione.»

«I Poveri di Lione, chiamati anche 'Ciabattoni',

fondati da un certo Valdès alla fine del XII secolo» disse Bruno, «forse ne hanno avuto abbastanza di quattro secoli di persecuzione e di clandestinità. Difatti sono nati contemporaneamente al mio ordine e, come adesso, hanno servito contro i catari, ma assumendo poi posizioni che li hanno resi invisi a Roma.»

«Quali?» domandai.

«In origine, fondavano le loro pratiche religiose su tre principi fondamentali: la povertà, la Bibbia e il rifiuto di ogni giuramento. Se il primo non dava problemi, la loro visione della Bibbia era particolare: essi ne pretendevano una lettura letterale, senza interpretazione. Quanto al rifiuto di ogni giuramento, è inutile dire che ha creato non poche difficoltà. Ma le cose si sono aggravate con quanto essi hanno aggiunto a quei principi di base: il rifiuto del purgatorio, la cui dottrina fu stabilita soltanto nel secondo concilio di Lione nel 1274, vale a dire un secolo dopo la nascita del loro movimento, e infine la tendenza al donatismo.»

«Cos'è?»

«Un'eresia che risale al IV secolo e al vescovo Donato, che rifiutava i sacramenti impartiti da un clero spregevole. Dunque per il donatismo la validità dell'Eucaristia dipende dalla dignità di comportamento del sacerdote, cosa cui la Chiesa oppose che, se il rito e il suo spirito erano rispettati, il sacramento era valido. Lo stesso per la confessione, perché «cosa può perdonare un prete che è peccatore?» Infine si aggiunsero a tutto questo, per i valdesi, posizioni eretiche sul rifiuto del culto dei santi, della pena di morte e, cosa assolutamente imperdonabile, del potere ecclesiastico e dunque di quello del pontefice. Per dirla tutta, ci sono qui degli elementi che non mi sono antipatici. Infatti come rifiutare che *Quantum quis habet bonitatem tantum habet et auctoritatis*, vale a dire, tradotto per Dagron: 'L'autorità che uno ha è pari alla sua bontà'? E poi questi problemi sono davvero estranei al nostro secolo? »

« E per questi quattrocento anni? »

« Si sono rifugiati nella clandestinità o all'estero, Sassonia, Baviera, Pomerania, nel Piemonte e nel Regno di Napoli. In Francia, secondo quanto mi hanno detto, se ne trovano in Provenza, in Linguadoca o nel Rouergue. Ma la loro clandestinità rende difficile conoscerli veramente. In apparenza si comportano come dei cattolici, vanno a messa e rispettano i riti, ma nella loro intimità ricevono la visita di predicatori, che loro chiamano 'barbi', che portano loro la buona novella e l'eucaristia, e ai quali si confessano. Quanto alla loro recente evoluzione, il tenente è ben informato, giacché il loro accostamento ai calvinisti va contro la loro posizione sul libero arbitrio e il rifiuto della predestinazione. Forse sono caduti nelle braccia di Ginevra così come si crolla al termine di una marcia lunga e sfibrante! »

« Ma, e Mazzotti? » domandai.

Dagron riprese la parola.

« Ah, qui la cosa è molto più interessante, perché era quanto di più papista e più ligio alle pratiche potesse esistere. È dunque stato giudicato luterano, come quei capponi battezzati carpe in certi giorni di quaresima dai canonici affamati, o come quel cattolicissimo esattore di tasse sul panno e sui vini di Meaux che venne, per ragioni puramente fiscali, battezzato protestante e giustiziato dai suoi contribuenti. Dunque Mazzotti era cattolico, come voi e me. »

Disse questo sorridendo, perché lui stesso sembrava più un epicureo che un fanatico religioso e sapeva sicuramente che il mio maestro era in rotta col convento.

«Aggiungo che il suo laboratorio e i suoi forzieri furono saccheggiati e che tre persone che si trovavano in casa con lui furono uccise, come se si fossero voluti eliminare tutti i testimoni.»

«Qual era l'insegna della sua bottega?» domandò Bruno.

«Al Leone d'argento» rispose Dagron.

E tacque, e il mio maestro pure, e io non dissi parola.

Dalla domanda di Bruno si vedeva che Dagron aveva capito che le loro menti procedevano all'ambio. Bruno riprese la parola in un modo che conoscevo bene: come se pensasse ad alta voce.

«Bisognerebbe ora sapere chi erano gli altri tre morti del Leone d'argento.»

«Ci stiamo adoprando.»

«E conoscere la composizione della famiglia Mazzotti.»

«Ciò va da sé.»

«E se restano eventuali membri della famiglia a Parigi o altrove. E, parallelamente, studiare il più possibile, e nonostante la difficoltà, la voce su Heucqueville.»

Il tenente non parve risentito per i suggerimenti di Bruno. Si trattava, ancora una volta, di buonsenso e nient'altro, e il mio maestro dava l'impressione di permettervi di penetrare i suoi dialoghi interiori, tanto in filosofia quanto nei casi d'ogni giorno, e di ciò in qualche modo vi sentivate onorati. Essendo stato detto tutto ciò che c'era da dire o doveva essere detto quel giorno sulla casa del Gallo, la conversazione slittò sull'insicurezza di Parigi, sugli ultimi pettegolezzi della corte e sugli strani fenomeni che si erano appena constatati: la grande e spaventosa luce apparsa la settimana precedente verso le cinque di sera in direzione del Mezzogiorno e sfrecciata come il lampo, e anche lo straripamento del fiume Senna, le cui acque sono ora così alte che c'è chi pensa si tratti del secondo diluvio, annunciato molto tempo fa da Pierre Briant, il cantore di Saint-Victor. E convenimmo che si trattava di eventi davvero inquietanti. Anche su questi altri argomenti quei due uomini, purtuttavia tanto diversi, amavano conversare insieme, e si sentiva.

Lasciammo la taverna e notai che Dagron pagò il padrone con un semplice saluto e con una pacca sul sedere della ragazza che ci aveva serviti e che fece appena finta di risentirsi. Uscendo, ritrovammo la pioggia che cadeva da parecchie settimane e ci separammo da lui su piazza Maubert, dove i miserabili si disputavano i resti ammollati del mercato.

«Allora» dissi a Bruno, «la soluzione non è lontana?»

«Apparentemente, ma tutto dipenderà dalle informazioni a venire, e noi non le conosciamo.»

Tacque per qualche minuto e riprese:

«Come, in quanto uomo di Dio, posso non essere sconvolto da quei massacri di ugonotti? E i catari, i patarini, i tessitori, e i valdesi e gli ussiti! Viene da chiedersi se la fede in un unico dio non sia un pericolo perpetuo. Se il tuo dio è unico, quello degli altri non può esistere e, se esiste, il tuo è come negato. Uno dei due deve sparire. E così all'interno di una stessa credenza ci si può sventrare, fare a pezzi, castrare, disonorare. E i maomettani che non capiscono come tutti gli uomini non riconoscano il loro profeta. E gli ebrei aggrappati alla loro credenza come a una zattera nel naufragio della loro razza sparpagliata. È vero che non hanno un'organizzazione armata ma, all'occorrenza, sarebbero come gli altri. Se non altro i persiani con i loro Ahura Mazda, Mitra, Varuna, Rama, Maho, Vahista eccetera, tolleravano, a sentir Plinio e Plutarco, che i popoli loro sottomessi, i greci, gli ariani, gli egiziani, serbassero la loro credenza. E i romani con i loro dèi greci, frigi, egiziani, siriani accettavano le religioni di tutti i loro popoli e quelle dei galli e dei celti. E adesso che il mondo conosciuto si è esteso all'America e all'Asia più remota, massacreremo per imporre il nostro Dio.»

«Avete letto la traduzione del missionario spagnolo sulla conquista delle Americhe e gli orrori delle conversioni appena pubblicata dal libraio Julien?»

«Sì, certo. Bartolomeo de Las Casas era un frate domenicano. In un punto scrive: 'Si è preteso che gli indiani adottino la nostra fede senza predicazione o dottrina, che si sottomettano a un re che non hanno mai visto né sentito e i cui sudditi e inviati sono dei tiranni crudelissimi, spietatissimi e orribili.' Chiede che si permetta agli indiani di vivere la loro religione senza loro imporre la nostra, e dice assai logicamente che, se a noi paiono barbari, loro ci giudicano probabilmente allo stesso modo. E in nome del nostro Dio di bontà noi ne abbiamo approfittato per spogliarli del loro oro e trasformarli in schiavi!»

«Il signor Montaigne di cui vi ho già parlato dice in un punto dei suoi Saggi: 'Ciascuno chiama barbarie ciò cui non è avvezzo'».

«Verissimo. E poi, fin da Copernico sappiamo che la Terra non è il centro dell'universo, ma che ci sono molteplici mondi: elimineremo tutti coloro che non credono come noi? Un giorno ci si accorgerà che tutti i popoli di fronte al niente e all'infinito hanno sentito il bisogno di credere e hanno creato il loro Dio quanto questi ha creato l'universo. E nell'attesa gli umani si saranno allegramente distrutti in nome di ciò che doveva aiutarli a vivere.»

Non erano, queste, le frasi di un filosofo, ma di un uomo di Chiesa spaventato dai disordini religiosi di questo secolo e sconvolto per il fatto di saperlo. La conversazione con Dagron aveva risvegliato dei fantasmi con i quali – lo sentii nel lasciarlo – egli avrebbe passato la serata e la nottata, domandandosi inoltre cosa può un filosofo contro la follia umana.

L'indomani mattina andai in riva alla Senna, che era gonfia al punto da straripare e allagare rue Pavée e rue des Augustins fino a lambire il palazzo di Nevers e altre case di rue Saint-André-des-Arts. L'inondazione aveva interrotto il carreggio dovuto alla costruzione del ponte di Valois, che alcuni chiamano Pont Neuf, e che il re paga di tasca propria domandandosi se sarà mai finito. Ma come al solito i danni erano molto più gravi sulla riva destra. Dipende, pare, dal fatto che il letto del fiume è cambiato molto tempo fa e che allora costeggiava Popincourt, Belleville e Montmartre e che tutta la parte tra l'antico e l'attuale letto era una palude, con l'eccezione di place Saint-Gervais e di place de Grève, ed ecco perché ci hanno messo il Municipio. Da allora l'uomo lotta per strappare quei terreni alla natura, che la vince al minimo scompiglio. E il fiume se ne torna al suo letto originario. C'è soltanto da sperare che non arrivi il vero freddo invernale e che tutta quest'acqua che ha invaso le strade di Parigi non diventi ghiaccio.

Poi andai da Bruno, che stranamente non era nel suo alloggio. Anziché aspettarlo, decisi di far visita alle librerie di rue Saint-Jacques da cui sarò presto lontano. Passai quindi davanti alla casa del Gallo, da cui avevano tolto le tavole che da due giorni ne condannavano l'ingresso. Sul davanti c'era di nuovo un arciere di Dagron. Non so perché ma, pur non vedendone l'interno, mi convinsi subito che lì dovevano esserci Bruno e il tenente. Continuai per la mia strada, però tornai un'ora dopo a bussare alla stanza di Bruno. Stavolta c'era ed era anche impaziente di vedermi arrivare.

«Allora, si trascurano i vecchi amici...»

«Sono passato un'ora fa, ma voi avevate evidentemente di meglio da fare.»

Capii, dicendolo, che gliene volevo, se la mia intuizione era esatta, perché era andato nella casa del Gallo senza di me.»

«Ero nella casa del Gallo.»

«Lo sapevo.»

«Ma siediti, ti racconterò tutto per filo e per segno. Credimi: se fosse stato possibile, avrei aspettato che ci fossi anche tu, ma Dagron è arrivato e mi ha fatto capire che era subito o mai più.»

Borbottai un debole «poco importa» e cercai di fare miglior viso.

«Dagron è venuto stamattina a dirmi di più sui Mazzotti e a propormi di far visita al piano della casa del Gallo dove lui doveva tornare a controllare certe cose. Dunque i Mazzotti erano sei, il padre Piero, la madre Angelina, due maschi di quattordici, quindici anni e due bambine, una appena adolescente e l'altra di sei mesi.»

«E chi erano i quattro assassinati?»

«Ecco il punto interessante. I due ragazzi erano assenti, e sono tornati nell'autunno del '72 con uno zio che ha venduto la casa per loro, e nessuno li ha mai più rivisti. Si pensa che da allora siano presso la famiglia materna a Milano.»

«Dunque sono stati uccisi il padre, la madre e le due figlie.»

«Niente affatto, c'era una serva, ed è questa che è stata uccisa con i genitori e l'adolescente.»

«La neonata ha avuto salva la vita?»

«Sì, e lo zio l'ha presa con sé quando è venuto a vendere la casa, e ciò significa una cosa semplicissima: si sono soppressi i testimoni. Gli assassini sono stati efficaci, hanno ucciso per rubare e non essere riconosciuti. Una neonata di sei mesi vede appena e non può parlare: è stata risparmiata. Qui siamo di fronte al furto bell'e buono, non alla cieca vendetta.»

«E che ne è stato dei due ragazzi?»

«Nessuno lo sa. Dall'autunno del '72 nessuno li ha più rivisti a Parigi. Ma devono avere venticinque o ventisei anni, oggi, e nulla ci dice che non abbiano sentito le voci che accusano Heucqueville e non siano venuti a vendicare i genitori e la sorella. In ogni caso Dagron ne è convinto. Gli assassini erano due, le persone che li hanno visti uscire dalla casa del Gallo non hanno scorto i loro visi e non possono dire niente sulla loro età.»

«Ma come hanno potuto, due uomini, martirizzare e uccidere, senza che nessuno desse l'allarme, otto persone di cui due giovani e un uomo nel fiore dell'età?»

«Dagron non mi ha detto perché voleva tornare nella casa, ma immagino che il motivo fosse stabilire le circostanze del macello. Lì per lì non gli ho detto ciò che avevo scoperto.»

«E cos'avete scoperto?»

«Aspetta, ogni cosa a suo tempo. Per cominciare, ho capito dagli andirivieni di Dagron che voleva, avendo una pista, verificare come si erano potuti svolgere i fatti. Se ho ben capito, gli assassini sono entrati nella casa, dove c'erano soltanto Heucqueville padre, la serva e il neonato. Hanno imbavagliato il padre, lo hanno crocefisso alla porta, hanno ucciso la serva e il neonato, poi al pianterreno hanno tramortito, via via che arrivavano, tutti i membri della famiglia, li hanno portati al piano di sopra e sgozzati sotto gli occhi di Heucqueville padre, che è stato ucciso per ultimo e impalato su un pugnale.»

«Quali osservazioni vi assicurano che le cose si sono svolte così come dite?»

«Nessuna, e Dagron non mi ha messo a parte delle sue. Ma è nella logica sia della vendetta sia della possibilità materiale immaginare due uomini che ne uccidono otto. D'altronde, non c'era alcuna traccia di sangue al pianterreno, dove è stato trovato il cadavere della serva. Si può dunque dedurre che la donna sia stata uccisa di sopra, dove è stata lasciata in un primo tempo per non spaventare i nuovi arrivati, e che si sia portato giù il suo cadavere al fine di segnare una separazione netta tra gli Heucqueville e quella povera donna uccisa soltanto perché aveva avuto la sventura di trovarsi lì. Diciamo che la mia ipotesi è frutto della logica e non c'è nulla che la contraddica. Ma non basta poter difendere una cosa perché essa sia vera: bisogna anche poter dimostrarla. E io ritengo che nel suo silenzio Dagron sia giunto alle stesse conclusioni.»

«Dunque è tutto a posto, non resta altro da fare che mettere le mani sui fratelli Mazzotti.»

«Ebbe', no davvero. Sarebbe troppo facile e, come in filosofia, la soluzione evidente non è sempre la più sicura.»

«E perché?»

«In primo luogo Dagron mi ha fornito un elemento supplementare e inedito della messinscena del massacro, e io non so che farmene. Nemmeno lui, d'altronde, ed è per questo che me ne ha parlato, ma soprattutto...»

«E qual è questo elemento?»

«Un poco di pazienza, la situazione è molto complessa e già in precedenza un particolare mi imbarazzava. Un particolare infimo ma, come ha detto San Bonaventura in modo un po' insolente: 'Dio è nei particolari'.»

«Parlate di qualcosa che avete notato nella casa e tenuto per voi.»

«Precisamente. Se ricordi, ho tradotto il *Ricorda Leone* su indicazione di Dagron ma senza aver visto l'iscrizione stessa.»

«E con ciò?»

«E con ciò, lì ho avuto tutto l'agio di studiare *de visu*, e non è tutto così chiaro. Anzitutto, scrivere con un dito intinto nel sangue è ben diverso dall'usare una penna d'oca sulla carta. La chiarezza calligrafica è necessariamente sacrificata all'intento emozionale. E poi, difficile correggersi! E se il *Ricorda* non pone alcun problema, il *Leone* potrebbe essere un *Lione*. E questo cambia tutto, perché allora avremmo 'Ricorda Lione' e ciò rafforzerebbe un sospetto che ho da quando Dagron ha riesumato il caso Mazzotti. L'insegna della loro bottega era Al Leone d'argento, e si potrebbe, sì, imputare l'abbreviazione *Leone* – al posto di *Leone d'argento* – alla difficoltà di scrittura, ma non si aspettano dieci anni per omettere un particolare che assicura la buona comprensione del messaggio. Ora, per me la *e* è una *i*. E questo cambia tutto, perché, se c'è stato un legame tra Lione e i Mazzotti, bisogna scoprirlo.»

«Ma Heucqueville non era originario di Lione?»

«Ah, vedi?! Lo spirito è una sostanza emotiva che può facilmente abbagliare e paralizzare. Heucqueville padre aveva ottant'anni, quella notte di San Bartolomeo risale ai suoi settant'anni, ma prima? Ci sono almeno cinquant'anni di vita adulta, ciò che rappresenta necessariamente un certo numero di fatti di cui non sappiamo niente. Attenzione, non dico che sia *Lione* anziché *Leone*. Dico che potrebbero essere entrambe le cose e che io punto su *Lione*. Dagron cercherà i fratelli Mazzotti e non li troverà.»

«Ma a parte l'assenza di *d'argento* e quella *e* sospetta?»

«Ci sono altri due elementi sui quali non posso basare nulla ma che mi fanno sospettare.»

«Quali?»

«In primo luogo il neonato. Gli assassini dei Mazzotti non hanno ucciso la sorella, dunque perché uccidere un neonato? Non so come funziona lo spirito di vendetta, ma non capisco. E soprattutto la sorte inflitta al padre.»

«Il fatto che l'abbiano crocifisso.»

«No, niente affatto. Hanno voluto che vedesse morire tutti i suoi ed era un modo crudele ma efficace per immobilizzarlo, sarebbe bastato riempirgli la bocca di stoppa e imbavagliarlo, e avrebbe dovuto assistere impotente e silenzioso alla morte della sua discendenza. No, è il pugnale *in culo*. Ora, gli assassini non hanno fatto niente a caso, avrebbero potuto castrarlo, cavargli gli occhi o sventrarlo e spargere a terra le sue budella, com'era d'uso nelle vostre guerre di religione... no, gli hanno ficcato una daga nel culo, e non vedo legami con il caso del Leone d'argento. Ma, ancora una volta, nulla di determinante in tutto questo: fa parte dell'intima convinzione.»

«Dunque, come saperne di più?»

«Lasceremo che Dagron dia la caccia ai Mazzotti. Se li trova e loro confessano, io avrò avuto torto e tanto peggio per il mio orgoglio. Se questo non succede, e troviamo una traccia lionese da seguire, avremo avuto ragione noi! »

« Come procederemo? E poi, perché non parlarne a Dagron? »

« Per due motivi. Primo, non ti sarà sfuggito che Dagron e io siamo in concorrenza, amichevole, ma in concorrenza. Lui si tiene sulle sue e mi dà un'informazione soltanto quando è nel suo interesse. Era evidente mentre eravamo entrambi nella casa. »

« Ma perché vi ha invitato? »

« Perché la nostra conversazione è cordiale e lui vuole che io abbia alcuni elementi del problema come lui, per poter, fino a un certo punto, risolverlo a parità di possibilità. E poi voleva parlarmi del corvo. »

« Il corvo? Quale corvo? »

« Quello che è stato trovato col collo torto sul tavolo, accanto ai versi di Dante. Gli assassini hanno dunque portato con loro il cadavere di un corvo, lo hanno messo lì per indicare non so cosa e Dagron me ne ha parlato soltanto perché aveva ormai rinunciato a capire. »

« *Incredibile!* »

« Diciamo sorprendente ed enigmatico, anche qui perché ci manca il cifrario. Per la loro messinscena, gli assassini avevano soltanto l'imbarazzo della scelta circa i simboli da lasciare agli investigatori. La cosa strana è che di solito i colpevoli tentano d'imbrogliare le piste, mentre nel nostro caso ho la sensazione che ogni particolare voglia indicarci qualcosa di preciso. Semplicemente, la lingua adoperata per farlo non è esplicita! »

« Ma perché un corvo? »

« Vorrei proprio saperlo anch'io, e anche Dagron. È un'allusione a un'insegna? A Isaia che ne fa un simbolo di solitudine? Al Diluvio, quando Noè mandò un corvo in esplorazione? All'esempio della castità che si trova in Aristotele, giacché quell'uccello si accoppia di rado? O a Plinio e a San Isidoro? O ancora a un cognome o a una località? Chi lo sa? Bisogna riflettere, la soluzione non pioverà dal cielo. Ma per il momento lasciamo questo corvo al suo sonno eterno! È cosa troppo recente, la mia mente non l'ha ancora assimilata. Non dimenticare che si può essere buoni investigatori soltanto se si è preventivamente informati e se la teoria si sviluppa gradualmente a partire da princìpi e fondamenti fissi e ben consolidati, per innalzarsi fino al perfetto edificio degli elementi che la compongono. Fino a quando non si è inteso e compreso tutto, è meglio serbare il silenzio. Ne riparleremo dunque in seguito, quando tutto sarà macerato a sufficienza.

«E vengo alla seconda ragione per la quale non ho parlato del *Lione* a Dagron. Gli assassini sono dei letterati italiani, hanno commesso un delitto orribile ma in modo molto meditato e senza lasciare nulla al caso. Si può dunque supporre che il loro odio abbia un'origine di pari orrore. È un nuovo massacro di vittime innocenti, ma vittime di cosa? Qui non si tratta di pazzi furiosi, al contrario, e ogni particolare vuol fornire un messaggio che per il momento siamo incapaci di decifrare.»

«E se voi li scoprite?»

«Deciderò se denunciarli o ritenere la vendetta giustificata. Essendo filosofo, i miei doveri non sono quelli di un commissario dello Châtelet con la missione – lui sì – di trovare i colpevoli e consegnarli al tenente dei crimini. Ora, io non ci credo molto.»

«A cosa?»

«Alla giustizia umana. È cosa che cambia notevolmente secondo i popoli e i secoli. Chi da noi è condannato per bigamia, non lo sarà presso i maomettani. Chi onora le immagini sacre sarà incriminato a Ginevra e rispettato a Roma. Chi si fa vendetta da sé l'avrà vinta presso i todeschi e da noi dovrà render conto alla giustizia regia. Il duello era nei nostri usi, un tempo, ora non è più in odore di santità e vedrai che un giorno il re lo proibirà. Dunque, la giustizia... E lo stesso atto sarà giudicato diversamente secondo che il suo autore sia un grande del regno o uno straniero o un povero villano. Il tanghero sarà giustiziato per una lepre cacciata di frodo e il signorotto assolto per aver eliminato chi intralciava i suoi affari. La giustizia è soltanto un mezzo per tenere a freno la moltitudine ed evitare il caos, un modo sacralizzato di assicurare una parvenza d'ordine senza la quale un regno o una repubblica non potrebbero funzionare. Per questo Dagron prende il suo soldo e tuo padre viene retribuito, ma io non sono pagato da nessuno. Ho soltanto un rapporto privato, gratuito e per giunta confidenziale con la giustizia: va valutato altrimenti!»

«Ma le leggi del regno?»

«Mi si chiede di rispettarle, ciò che mi sforzo di fare, ma nessuno si cura di sapere se io le approvo, dentro di me. D'altronde è questa la differenza con la regola monastica. Dunque, se scopro gli assassini, deciderò della loro sorte secondo la mia coscienza. E, comunque, per questo bisogna che li trovi e che Dagron si dispantani dal suo errore. Invero, mi sono impuntato nel gioco, e dopo essere stato io stesso più volte condannato, e certamente prima di esserlo ancora in avvenire, non mi spiace poter fare a mia volta la parte del giustiziere. Ma per questo ho ancora bisogno di te.»

«Come?»

«Lione è molto lontana per andarvi a trovare ciò

che cerco e Parigi pullula di persone che ne sono originarie. Cerca per il tramite della tua famiglia di mettere le mani su dei magistrati che vi abbiano soggiornato e, meglio ancora, esercitato quando Heucqueville vi risiedeva, ovvero prima del '40. Heucqueville aveva trentott'anni: cos'ha potuto mai fare tra il 1520 e il 1540 per dar luogo a una così sanguinosa e lontana vendetta? Cosa ne pensi? »

« Sì, è possibile. Mi rivolgerò a uno dei miei zii che ha l'età di Heucqueville e dunque più possibilità di mio padre di avere conoscenze della stessa generazione. »

« Bisogna far presto. »

« Perché? »

« Primo, per fare lo sgambetto a Dagron. E poi immagina che da una parte io abbia ragione, che per disavventura i Mazzotti si trovino a Parigi e lui gli metta le mani al collo. Potrebbe darsi che adesso, sicuro delle sue deduzioni e seccato di aver dovuto già una volta rilasciare dei colpevoli ideali, sia meno riguardoso e più sbrigativo. I Mazzotti, dopo aver perduto padre, madre e sorella, perderebbero la vita, ciò che, ammetterai, sarebbe di un'ingiustizia lampante. Ora va' e fa' in fretta. »

Uscii dalle sue stanze in stato di grande eccitazione mentale. In pochi minuti, il mio maestro aveva, da una parte, stabilito la colpevolezza dei Mazzotti e poi, come col dorso della mano, l'aveva spazzata via e buttata a terra. Possibile che la filosofia applicata al reale sia più efficace del senso pratico della gente del mestiere?

Mi feci invitare a pranzo da mio zio François, fratello maggiore di mio padre, con cui di solito discutevo dei miei studi. Abitava in rue Hautefeuille e possedeva anch'egli una biblioteca imponente, che completava bene quella di mio padre e di cui mi concedeva libero uso. Da quando aveva lasciato la carica di presidente dei conti, rileggeva i grandi filosofi greci e latini e dava la caccia alle novità librarie interessanti. Era stato lui, per esempio, a farmi scoprire qualche mese prima i *Saggi* di Michel de Montaigne, pubblicati a Bordeaux da Simon Millanges, uno dei libri più profondi che mi sia mai stato dato di leggere in lingua francese. Ne ho del resto parlato più volte a Bruno che, da principio diffidente, ha finito col cedere al mio entusiasmo e mi ha chiesto di prestarglielo. Ma quando l'avrò terminato!

Spiegai il mio problema allo zio. Conosceva qualche collega che fosse vissuto e avesse esercitato a Lione tra il 1525 e il 1545? Naturalmente mi domandò perché. Dopo essermi assicurato la sua discrezione, gli dissi che ero curioso del passato lionese di Heucqueville padre, il cui assassinio aveva fatto tanto scalpore.

«Sai quali sospetti sono corsi su certi fatti accaduti durante i massacri di San Bartolomeo?»

«Sì, mio padre me ne ha parlato, ma giustappunto vorrei risalire più indietro nella sua vita e in particolare ai tempi in cui viveva a Lione. Mi hanno detto che la sua famiglia ne era originaria e che lui l'ha lasciata all'inizio degli anni Quaranta.»

«Grandjon. Va' a trovare Grandjon, che è stato avvocato al parlamento di Lione per una trentina d'anni e fu nominato referendario a Parigi sotto la reggenza del piccolo re Francesco. Siamo molto amici, ma ciò che più conta egli è un uomo intelligente e retto e, punto capitale, non è rincitrullito, pur essendo più vecchio di me! La maggior parte dei miei colleghi pensano soltanto a mangiare e dormire, continuano a fare l'elenco dei loro beni sperando di far scoppiare il fegato ai loro eredi vivendo il più a lungo possibile e rimpiangono i bei tempi di re Francesco il Grande, che non erano davvero più sereni ma soltanto quelli della nostra giovinezza.»

Mio zio buttò lì questa tirata con l'aria distaccata di chi ha letto filosofi a sufficienza per ridersela dei suoi simili e di se stesso.

«E dove abita?»

«All'insegna del Cardo, proprio qui accanto. Siamo vicini, anche questo alla nostra età è indispensabile all'amicizia. Non si ha più l'energia per le amicizie lontane. Attraversare Parigi con la sua confusione va al di là delle nostre forze. Ma nella stessa via...»

IV

Ringraziai mio zio e andai a bussare alla casa del Cardo, dove grazie alla sua raccomandazione mi si ricevette con gioia, e questo nonostante l'ora della siesta che evidentemente non era nelle abitudini dell'ex referendario. Il vecchio imbacuccato in una vestaglia imbottita era nella sua biblioteca dove, come nella maggior parte delle grandi case parigine, faceva freddo anche quando il caminetto funzionava a pieno regime. Difatti, le stanze modeste come quelle di Bruno erano più confortevoli perché più facili da riscaldare.

Grandjon era sdentato ma aveva una lingua scioltissima che andava a tutta velocità nonostante l'affanno continuo dovuto all'età. Parlava con un'espressione sarcastica che non era lontana da quella di mio zio. Suppongo che le loro conversazioni dovessero passare gli esseri e i fatti singolari della vita al vaglio di una certa cattiveria comune e allegra.

«Ah, un altro Hennequin. Tu sei il nipote di Estienne o di Marc?»

«Io sono il figlio di Claude.»

«Ah, sì, il giovane, quello che è presidente dei conti. L'ho incontrato qualche volta, è come tutti gli Hennequin, un uomo che ha letto, e sicuramente tu pure. Cosa vuoi da me?»

Gli spiegai l'oggetto delle mie ricerche.

«Ah, Heucqueville! Il mondo è davvero piccolo. Siamo della stessa generazione e le nostre due famiglie sono lionesi. Suo padre e suo nonno erano orafi e suo figlio lo sarebbe stato se non avesse sposato Anne, la sola figlia di Jean Huguelin, che gli ha lasciato la sua libreria di rue de Latran. Lei è morta alla nascita del suo secondo figlio. Quanto a Heucqueville, avevamo la stessa età, ma a me non piaceva. Pace all'anima sua. Tuo zio ti avrà sicuramente parlato dell'assassinio dei Mazzotti durante le follie della Notte di San Bartolomeo e delle voci che sono corse.»

«Sì, ma erano fondate?»

«Questo non lo sapremo mai. Allo Châtelet è già difficile vederci chiaro in periodi di calma! Tutto ciò che si può dire è che Mazzotti era cattolico e che la sua esecuzione è stata sommersa da quella sordida crociata. A quanto pare era in affari con Heucqueville, che si sarebbe ritrovato opportunamente sgravato di un grosso debito, ma non si è scoperto niente. E poi era italiano, ciò che dopo il regno della Medici non è davvero il meglio, e lo Châtelet che aveva altre gatte da pelare non ha approfondito. Ma Heucqueville non mi piaceva già a Lione.»

«Perché?»

«In primo luogo, suo padre aveva una cattiva fama nella sua corporazione. Naturalmente, come in ogni mestiere c'è una certa forma di sospetto che grava sulla professione. Nei magistrati è la corruzione o l'incapacità, nei vinai è l'annacquare il vino, nei favoriti è la sodomia e negli orafi è la disonestà dei metalli. Sono sospetti provocati da qualche fatto appurato su alcuni dei suoi membri, ma abusivamente esteso a tutta la corporazione. Potrei testimoniarlo per molti miei colleghi, i 'lungovestiti' le cui tonache servono a camuffare la rapacità, e i colli di ermellino a tenere la stupidità ben al caldo, ma ci sono comunque delle eccezioni! Ah! Ah! In ogni caso, Heucqueville padre ha avuto dei problemi con la qualità dei metalli preziosi che adoperava. Ma li ha elusi.»

«Come?»

«Una tara ne bilancia un'altra: con la corruzione dei giudici. Ha pagato il necessario. Ma in fondo non era per questo che non mi piaceva. In genere, del resto, cosa c'è di più simpatico di un imbroglione e di più intrattabile di un uomo integro? L'imbroglione è costretto a sedurre perché i suoi maneggi esigono fiducia. L'uomo integro si ritiene così meritevole per la sua onestà da risparmiarsi lo sforzo di piacere. No, credimi, nel commercio quotidiano la frequentazione degli imbroglioni è molto più piacevole. Semplicemente, bisogna tenere la mano sulla borsa ed evitare di mettersi in affari con loro. Dunque Heucqueville era simpatico, ma mi è sempre parso falso come certe monete che brillano e non tengono testa né al suono né al saggiolo. E poi c'è stato il caso Montecuculli.»

«Di cosa si tratta?»

«Ah, ecco i giovani! Passano anni su Aristotele e Sant'Agostino, sanno tutto delle conquiste di Alessandro e del regno di Cesare e niente dei fatti vicini a loro e che hanno gravato direttamente sul loro destino.»

Pareva che la mia ignoranza lo rallegrasse. Non era la prima volta che osservavo il fenomeno, dovuto al piacere innocente di poter raccontare un fatto importante a qualcuno che fino allora ne ignorava l'esistenza.

Sprofondò nella poltrona e restò in silenzio, un silenzio probabilmente studiato nella sua carriera di avvocato per catturare l'attenzione dei suoi ascoltatori, ma che, nel caso specifico, gli lasciava il tempo di scegliere sotto quale angolo avrebbe esposto al beota che ero la questione. In effetti, persi quasi subito l'aria beffarda. Come la faccia del regno per il naso di Diana di Poitiers, il destino della Francia sarebbe stato sicuramente diverso se alcuni fatti non avessero provocato la tragica morte, a Lione, nell'autunno del 1536, di Sebastiano di Montecuculli.

«Nel gennaio del '36, il re Francesco si trasferì a Lione con il consiglio e la corte. Ciò provocò un grande movimento di popolazione e animazione del commercio e degli affari. Nei dintorni s'accampò l'esercito regio di oltre quarantamila uomini che bisognava nutrire, equipaggiare e distrarre. Per il re si trattava di portare avanti i suoi traffici italiani, in particolare verso il Milanese. E Chabot de Brion, l'ammiraglio, a invadere la Bresse e la Savoia e passare le Alpi per impadronirsi del Piemonte e stanziare guarnigioni a Pinerolo, Torino e Cuneo. E il re a inviarvi ufficiali regi e creare un parlamento a Chambéry. Beninteso, l'imperatore Carlo V la prese come un'offesa personale, essendo il duca di Savoia un suo parente. Ma soprattutto non poteva permettersi di lasciare sotto minaccia francese il Milanese, che era come il chiavistello meridionale dei suoi territori austriaci. Le sue truppe sotto il comando di Antonio de Levya ripresero possesso del Piemonte, poi, con lui stesso alla loro testa, partirono da Nizza per invadere la Provenza. Ma magari ti annoio...»

«No, niente affatto, ma stranamente la scuola insegna più sulle campagne di Annibale che sulla storia del nostro secolo.»

«In ogni caso, ciò è importante per capire i fatti che t'interessano. In luglio, dunque, l'imperatore invade la Provenza da Nizza e Montmorency, richiamato dal re alla testa del suo esercito, organizza la devastazione del territorio. I villaggi vengono abbandonati, i pozzi avvelenati, il bestiame scacciato o abbattuto, i raccolti bruciati. Quanto a Montmorency, ha radunato le sue truppe nelle pianure del Venaissin e si guarda bene dal dare battaglia. Gli imperiali hanno soltanto il pietrame provenzale da mettere sotto i denti e il sudore per dissetarsi. Fanno anche la sciocchezza di mangiare l'uva verde delle vigne e l'intero esercito, le brache calate, concima la terra anziché combattere. Al principio del mese di agosto, il re, i principi e il suo consiglio lasciano Lione diretti a sud. Poi, qualche giorno prima di partire, il Delfino Francesco cade malato. È così grave che, passando per Tournon, lo si lascia lì dove, dopo due o tre giorni di agonia, muore la mattina del 10 agosto. È in quel momento che suo fratello minore Enrico diventa il Delfino e la Medici futura regina, e dunque reggente a venire con i suoi figli e nostri re Francesco, Carlo e il nostro bizzarro Enrico. Non si può rifare la storia come una moltiplicazione sbagliata o una frittata mal riuscita: è dunque impossibile dire se le cose sarebbero andate meglio con il Delfino Francesco che con il Delfino Enrico, in ogni caso sarebbero andate diversamente.»

Non che mi spazientissi, dato che il vecchio avvocato aveva il senso del racconto e soppesava ciascuna delle sue frasi, ma mi preoccupavo: il vecchio sapeva ancora dove voleva arrivare?

«Ma, e Montecutti, in tutto questo?»

«Montecuculli, Montecuculli! Pazienza, ci arrivo. Il Delfino Francesco, dunque, morì. Aveva diciott'anni e niente lo lasciava prevedere. Immagina lo stupore e lo smarrimento. Un tuono in un limpido cielo d'estate. Peraltro, nessuno volle annunciarlo al re e fu il cardinale di Lorena che finì con l'acconsentire, ma per l'emozione balbettò tanto che il re capì da solo e disse le parole al posto suo. Quella morte del Delfino era così inconcepibile che immantinente corse voce che era stato assassinato.»

«Ma fu visitato il cadavere?»

«Sì, fin dall'indomani del decesso, lo si aprì e lo si visitò, davanti a notai, gran signori, camerieri e barbieri in gran quantità con medici e chirurghi. Erano più di venti, tra cui Loys de Ronsard, il padre del nostro Pierre, e i signori di Cossé e della Noue e anche François Miron, l'antenato di Marc, quello del nostro re Enrico.»

«E cosa si trovò?»

«Niente, a rigore niente di sospetto. Ma la diceria non s'accolla fatti che potrebbero impacciarla, ha anzi la tendenza a disprezzarli. All'occorrenza lo spavento era troppo grande, e con l'età ti accorgerai che l'uomo di fronte alla morte è troppo smarrito per non cercare freneticamente una spiegazione all'inspiegabile. Ora, il Delfino era malridotto da più giorni. Poco prima della sua partenza per Lione aveva furiosamente giocato a pallacorda nel prato di Aysnay, accanto all'abbazia in cui alloggiava la famiglia reale. Sotto il sole di piombo, colpendo forte, correndo e sudando e poi, per riposarsi, recandosi alla casa del Piatto da leone e ordinando che gli portassero dell'acqua fresca che era stata attinta al pozzo dell'abbazia e presentatagli in un vaso di terra del Portogallo per mentenerne la freschezza. In un primo tempo è evidente per tutti che la causa del male è l'acqua diaccia dopo l'orgia di sforzi. Il troppo freddo dopo il troppo caldo, e il corpo che si rompe come una scodella che venga messa in forno dopo averla lasciata al freddo sulla finestra. Si è anche parlato di eccessi di tutt'altro genere con la giovane signora dell'Estrange che è la sua favorita di letto, molto ardente a quanto si dice. E poi quella morte improvvisa, la disperazione del re, la minaccia degli imperiali, il timore di vedere il clan degli italiani ancora favorito da Caterina, diventata regina di Francia; tutto ciò rendeva imperioso trovare una spiegazione. Ed ecco come nasce la voce, ed ecco come essa s'impadronisce delle menti: il Delfino è stato avvelenato. E chi dice bere dice coppiere e per colmo il coppiere del Delfino è straniero, meglio ancora italiano. E tutto si spiega. C'è stato complotto malevolo dell'imperatore e Sebastiano di Montecuculli ne è stato il braccio malefico. Certo, non ha portato l'acqua al principe perché c'era il paggio, non l'ha nemmeno attinta al pozzo, ma poco importa, ha approfittato di un momento di disattenzione e vi ha versato una polvere di sublimato e di arsenico. E, se non si è trovato niente visitando il cadavere, è perché si è cercato male. Lo si arresta e poiché, quando gli si pone cortesemente la domanda, lui risponde di non entrarci per niente, avvilito per la morte del suo principe e protestando con veemenza, gli si ripropone la domanda, ma stavolta con gli strumenti di circostanza. E allora figurarsi: confessa tutto ciò che vogliono, al punto da mettere in imbarazzo gli inquisitori che devono vagliare. Vada per Antonio de Leyva che agisce per conto dell'imperatore, ancora ancora Francesco Gonzaga, principe di Malfetto, ma imbarazzante quanto a Guillaume de Dinteville, signore dei Chenêts, che non entrava punto nel quadro. Dopo averlo fatto confessare, gli fecero fare onorevole ammenda e lo si reintegrò, Dinteville, al fine di trovare ciò che si cercava fin dall'inizio dietro tutto questo: l'imperatore Carlo. Non soltanto invasore del regno, ma perfido e sleale cavaliere. Ma tutto ciò è fragile, ciascuno può immaginarsi sotto le pinze, le carrucole e i ferri roventi intento a confessare di aver ucciso padre e madre, ingravidato sorelle e suocere, diffuso il colera e la peste e provocato la fine prematura di

Marcello II che, te ne ricorderai, fu papa soltanto per tre settimane».

«Ma perché siete così sicuro dell'innocenza di Monteculli?»

«Montecuculli! Per cominciare, non ho mai creduto alle confessioni strappate con la tortura. Poi, ho visto il sospetto nascere a posteriori e modificare i fatti a modo suo. E comunque, talvolta bisogna usare il buonsenso. Quale interesse avrebbe avuto l'imperatore nel veder sparire il Delfino, dal momento che aveva due fratelli minori? Il re, d'accordo, ma il Delfino? In compenso, l'accusa imperiale ha permesso di trasformare il dolore del re in collera indignata contro Carlo. Il nostro buon re Francesco non era del resto molto vendicativo, giacché l'anno seguente lui e l'imperatore erano culo e camicia ad Aigues-Mortes e due anni dopo Parigi lo riceveva trionfalmente dopo che lo si ebbe amabilmente invitato ad attraversare la Francia per andare a domare la sua buona città di Gand che si ribellava. In ogni caso, per il momento si trattava di aiutare il re a liberarsi del suo dolore, e alcuni dei suoi intimi erano così convinti del complotto che non hanno esitato a camuffare un po' i fatti. E dunque il secondo giorno del processo a Montecuculli a porte chiuse, un misterioso testimone è venuto a dire di aver visto il coppiere approfittare di un secondo di distrazione del paggio del Delfino per versare nel boccale di ceramica che si trovava sulla vera del pozzo dell'abbazia una misteriosa polvere che poteva essere soltanto sublimato e arsenico. Montecuculli era stavolta messo alle strette da un testimone oculare.»

«E poi?»

«Fu condannato e giustiziato nel peggiore dei modi in quanto regicida, cosa che, la vittima essendo ancora soltanto Delfino, era un poco prematura. Gli arti squartati, esposti alle quattro porte, il sesso mozzato, gli occhi strappati e i denti spezzati; e la sua testa finì, si dice, col fare da palla ai bambini della città per qualche partita di pelota.»

«E il testimone?»

«Il suo nome non è stato divulgato, ma dopo poco è corsa voce che si trattava di un orafo il quale ha poi ricevuto dalla Corte importanti commesse che lo portarono naturalmente a sistemarsi a Parigi. Ma ancora una volta erano soltanto voci. In ogni caso il Tribunale di Parigi e i giudici lionesi erano convinti che si trattasse di Heucqueville.»

«Ma niente prove: poteva dunque trattarsi di coincidenza?»

«Sì, hai ragione, ma nessuno aveva dubbi sul fatto che fosse il tipo capace di un'azione simile e per me c'era un altro indizio che non lasciava dubbi. To', prendi uno di quei candelieri e seguimi.»

Il vecchio si raddrizzò a fatica appoggiandosi ai braccioli della poltrona, poi aiutandosi con il bastone si recò a passettini in fondo alla stanza. Era di fronte alla libreria e cominciò a rovistare fra i volumi collocati all'altezza del volto.

«Accosta un po' la luce.»

Finì col prendere dalla mensola un volume rilegato in ottavo e tornò verso la poltrona brandendolo con aria beffarda. Tornò pesantemente a sedersi, riprese fiato e mi tese il volume dicendo:

«Come potrai constatare, gli uomini non si fanno mai smontare. Il Delfino morto e sepolto, evacuata la Provenza dall'imperatore e dalle sue truppe affamate, morte di sete e con le trippe vuote, il corpo di Montecuculli sparso ai quattro venti, lo spirito del popolo placato, quello del re distolto dalla spaventosa fatalità, ora mancava soltanto che si muovessero gli uomini di lettere e i poeti. L'occasione era da non perdere, la tragica morte di un giovane principe, la perfidia non indifferente di uno straniero, e soprattutto la presenza e la commozione della corte e del re nella buona città di Lione convinsero alcuni a fare seduta stante un *Tombeau* per il Delfino».

Aprì il volume e mi lesse la pagina del titolo:

Raccolta di
versi latini
e volgari di numerosi poeti francesi
composti per la dipartita
del fu signor Delfino.

«E il libro fu pubblicato fin dal novembre successivo dal libraio François Juste di Lione. Ovviamente, la *gens litteraria* non poteva esimersi dal mettersi in mostra e trarne qualche favore regio, o, per alcuni, di fare vantaggiosa ammenda.»

Mi aveva teso il volume e io lo sfogliavo.

«Nicolas Bourbon?»

«Le sue *Nugae*, pubblicate due o tre anni prima, erano in odore di eresia.»

«Visagier?»

«Se l'era presa imprudentemente con i cattivi monaci.»

«Marot?»

«Esiliato a Venezia, moltiplicava le epistole a Francesco e a Margherita per ottenere indulgenza e poter tornare in Francia. Gli fu concesso qualche mese più tardi.»

«E gli altri?»

«Erano rappresentati un po' tutti i poteri lionesi: la giustizia, la Chiesa, il consolato con Scève, il Municipio con du Cartex, il collegio della Trinità e anche, se guardi attentamente in fine di volume, l'oreficeria con Heucqueville.»

«Era poeta?»

«Se lo era, lo era nell'ombra, perché non si è mai letto niente di lui né prima né dopo. Sono quasi sicuro che in vita sua ha scritto soltanto gli otto versi del suo epigramma di circostanza.»

«Ma allora perché?»

«Ebbe', se è lui il testimone a porte chiuse, si può pensare che abbia voluto farsi ricordare da certi alti personaggi e, perché no?, far ricordare certe promesse che gli erano state fatte.»

«E se non fosse lui?»

«Allora sarebbe davvero difficile da capire.»

«Non le dispiace se copio l'epigramma?»

«Niente affatto, e molto meno che se mi avessi chiesto l'opera in prestito, per esperienza so che 'libro prestato, libro involato'. Troverai di che scrivere su quel mobile.»

E copiai la non indimenticabile poesiola di ser Heucqueville:

Così, giusto e innocente, Angelo reale
Eri, a nostra insaputa, mortale,
E non sol non ti fece la ria sorte
in nobile torneo trovar la bella morte,
Ma scorpione dovea torti la vita,
Montecuculli perfido, il cui nome
Per due volte lo taccia sodomita,
Bruci in etterno senza remissione.

Avendo provveduto alla mia bisogna, buttai lì un sol commento che fece sorridere il mio interlocutore:

«Spero che avesse più talento a cesellar metalli che versi!»

V

Quando uscii da casa di Grandjon, scendeva una brutta notte. Il tempo, cosa da temersi in dicembre, era brutalmente rinfrescato e soprattutto una gelida tramontana s'ingolfava nei vicoli del Quartiere Latino tanto da dare la sensazione d'essere intirizziti fino al midollo. La notte e il freddo avevano come per magia svuotato le strade e chiuso le botteghe. Il cuore allegro per le informazioni raccolte, percorsi la strada fino a rue de Latran, più di corsa che camminando. A poche decine di passi dal Drappo d'oro, incontrai William che a sua volta si recava da Bruno. Il mio maestro era come al solito al fuoco del caminetto. Al nostro arrivo, alzò gli occhi dai suoi fogli e ci accolse come se per lui fosse giunto il momento d'interrompere il lavoro. Ci invitò a scaldarci, ci fece sedere e ci servì una bevanda calda.

William stava sulle sue e io ero impaziente di rimanere da solo a solo col mio maestro. William lo ringraziò con poche parole impacciate, evidentemente apprese da pochi giorni. Bruno riprese in latino la conversazione avviata in piazza Maubert.

«Vuoi essere attore... ma hai già recitato?»

«Sì, qualche volta, quando delle compagnie si fermavano nella mia cittadina, e interpretando sempre parti minori. Ma vorrei farne la mia professione e, se ne sono capace, scrivere io stesso.»

«Che tipo di teatro?»

«Poco importa, commedia o tragedia o brani storici, voglio soprattutto divertire uomini e donne e al tempo stesso trasmettere i pensieri, le paure, le sensazioni, l'amore e l'odio che si prova, l'ambizione, la collera... non è una meraviglia? Gli attori non sono forse il compendio e la cronaca breve di quest'epoca?»

Sembrava che, a mano a mano che parlava, uscisse dalla sua timidezza. È proprio vero che gli attori che balbettano nella vita acquistano sicurezza davanti agli spettatori.

«E per il momento?» gli domandò Bruno.

«Cerco di vedere degli spettacoli, ma ce ne sono pochi e in ogni caso assai meno che a Londra.»

«Sì, lo so, è inverno e dunque i commedianti di piazza Maubert o dei palchi del ponte Alais se ne stanno al calduccio. Bisogna aspettare la primavera per sentire di nuovo i tamburelli ai crocicchi.»

Intervenni allora per spiegare che la Confraternita della Passione aveva per privilegio reale il monopolio degli spettacoli in città, nei sobborghi e nella periferia di Parigi nella sua sala del palazzo di Borgogna, in rue Neuve-Saint-François, e che lì recitava i Misteri e farse e brani antichi. Il Parlamento aveva fatto proibire gli spettacoli nelle scuole perché indecenti e lesivi dell'onore della famiglia reale e di alti personaggi, ma talvolta gli attori recitavano senza permesso.

«Sì» disse William, «ho visto i Confidenti con la loro prima donna Ponti al palazzo di Cluny.»

«E cosa te n'è parso?»

«Era un pezzo di commedia dell'arte di cui ho scordato il nome. Ed ero contento di vedere finalmente in scena Pantalone, Zanni, il Pedante, Brighella e Arlecchino. Ho riso molto, ma manca la costruzione, non c'era *commedia sostenuta*. E poi ho visto quelli delle *basoche* recitare *Lucrezia* di Filleul al palazzo di Borgogna e mi sono molto annoiato.»

«Anche il re, che ha fatto venire i Gelosi a Parigi per divertirsi, non va mai alle tragedie che lo fanno sbadigliare o sono in odore di Lega.»

«E poi mi hanno parlato di pastorali, ma non sono riuscito a vederne. In effetti niente di tutto questo mi soddisfa davvero. Cerco soprattutto testi introvabili a Londra.»

«Cosa leggi?»

«Perlopiù gli autori latini, Ovidio, Seneca, Virgilio, Plutarco. Quand'è possibile in traduzioni inglesi, si fa più svelti e forse le sfumature sfuggono meno.»

«E Plauto? In lui tutto viene dai greci.»

«Sì, lo so, ma voi mi dicevate l'altro giorno quanto siano ricchi gli autori italiani e io conosco soltanto Boccaccio tradotto in inglese da Eliot.»

«Avrai delle difficoltà a trovare materia da tragedia ma comunque guarda nelle novelle di Bandello o di Giraldi Cinzio che ha parlato della gelosia nei suoi *Hecatommiti*. Se però si tratta di commedia, allora devi leggere Giovanni Fiorentino, Straparola e anche l'Ariosto.»

Vidi che William si sforzava di tenere a mente i nomi enunciati dal mio maestro.

«Ma tu non leggi l'italiano?»

«No, un po' il francese. Prima di lasciare Parigi cercherò di trovare quanto v'è di tradotto.»

«Ma non è questa la cosa più importante. L'intreccio dell'opera serve soltanto a catturare l'attenzione dello spettatore che ha bisogno di una storia, di seguirla e di essere commosso, ma ogni scrittore farà della medesima storia una cosa soltanto sua. È come per la pelota, sempre la stessa, ma che ogni giocatore spedisce a muro a modo suo.»

«Cosa intendete dire?»

«Ebbe': ciascuno racconterà la storia alla sua maniera e modellerà l'intreccio e i caratteri secondo la sua sensibilità e la sua comprensione della vita, e userà parole sue per descrivere e raccontare. La storia è come lo scheletro umano, che si somiglia in tutte le persone; sono la carne che l'avvolge, la fisionomia di ogni essere, la sua corpulenza, la sua voce, il colore dei capelli, degli occhi, la forma della bocca, a renderlo unico. La storia che racconterai, con quanto ci metterai della tua vita e con le parole scelte da te, sarà diversa da quella raccontata da Jodelle o da Garnier.

«E poi» riprese Bruno, «c'è la recitazione degli attori, che è come gli abiti di cui vestiamo il nostro corpo. Un giorno in nero, un altro in vari colori, in abito invernale o panni estivi, in abito da festa, da cerimonia di lutto, o da tutti i giorni al nostro focolare. Sono come i diversi modi possibili di recitare lo stesso brano. Sì, mi rattrista vedere gli attori fare a pezzi la passione fino a rompere i timpani degli spettatori, o vederli troppo timorati oppure sentire i comici che dicono più di quello che è stato scritto per loro. Insomma, per dirla in altro modo, è auspicabile che essi adattino il gesto alla parola e la parola al gesto badando a non superare la moderazione naturale.»

E Bruno aggiunse:

«È cosa rara ed è per questo che per precauzione ho scritto una commedia irrapresentabile. Rischio di essere tradito soltanto dai lettori...»

William propose di lasciarci e Bruno, sospettando la mia impazienza, non lo trattenne. Ci salutammo.

Bruno m'interrogò subito:

«Allora, cos'hai saputo?»

Gli riferii rapidamente della mia colazione con lo zio, poi nei minimi particolari del caso Montecuculli. Lui non m'interruppe una sola volta. Quando posai l'epigramma sul tavolo, lui lo prese in mano e si avvicinò alla candela per leggerlo meglio. Poi tornò a posarlo, e in capo a una decina di secondi lo riprese per scrutarlo di nuovo.

«Com'era il resto del volume?»

«Una trentina di poesie, per tre quarti in latino; numerosi brani di Dolet e Scève, in fine di volume alcuni componimenti isolati più brevi tra cui quello di Heucqueville.»

«E questo Montecuculli aveva famiglia?»

«Cosa intendete dire?»

Lo dissi per guadagnare qualche secondo perché dalla sua domanda mi resi conto che, nell'entusiasmo di quanto mi aveva raccontato Grandjon, avevo del tutto dimenticato di informarmi in proposito.

«Ebbe': era sposato, aveva figli, fratelli, e che ne è stato di loro dopo il supplizio?»

«No, confesso che non ci ho pensato, ma tornerò a trovarlo domattina.»

Mi servì altro vino alla cannella caldo e zuccherato e riprese di nuovo l'epigramma.

«Heucqueville era un vero fetente.»

«Perché?»

«Lasciami la notte per mettere ordine nei miei pensieri e ne riparleremo domani. Cerca di trovare le informazioni su Montecuculli. Anche se l'avvocato non può fornirtele, chiedigli di indicarti qualcuno.»

«E voi riuscite a lavorare e a scrivere in mezzo a tutti i sommovimenti del caso Heucqueville?»

«Ciò che ho pubblicato da quando sono a Parigi era da un pezzo nella mia mente o sulla carta. Per esempio, per *De umbris idearum* e *Cantus circaeus*, ci ho pensato su una quindicina d'anni, ne avevo già scritto molti passi che ho dovuto mettere insieme in modo coerente.»

«E il *Candelaio*?»

«Anche lì ho scritto delle scene per tenere a freno la collera che rischiava di travolgermi. Da quando sono a Parigi, le ho ordinate sotto forma di commedia, ma che differisce totalmente da quelle di Della Porta o del Tasso. Penso anche di essermi concesso il piacere, con quel tramite, di ritrovare quelle persone del popolo di Napoli che ho amato moltissimo. Il *Candelaio* è anche il mio modo di regolare i conti con tutte le falsità che ho conosciuto.»

«E quel pedante di Manfurio è qualcuno che avete conosciuto davvero? A Napoli?»

«Sì, e già a Nola. L'altro giorno mi hai domandato com'ero entrato nei frati. Ebbe', è stato per il sapere e *nonostante* quella gente. Dopo che don Giandomenico mi ebbe insegnato i rudimenti, sono andato alla scuola fondata da Bartolo Aloia delle Castelle, dove ho studiato la lingua e la grammatica latine e gli autori classici. Ho detestato il metodo e la pedanteria dei grammatici che si accaniscono sulle parole e dimenticano la realtà di cui trattano. Confondono lingua e filosofia, e arrivano anche al punto di correggere gli autori studiati ma sono incapaci di capire ciò che dicono veramente sul fatto d'esser vivi. Già Erasmo scriveva che non c'era nulla di più calamitoso, nulla di più disgraziato, nulla di più malvisto dagli dèi della razza dei grammatici. Hanno fatto di tutto per scoraggiarmi, ma il veleno della curiosità era ormai inoculato. I cattivi maestri possono disgustarti così come possono spingerti a mostrare quanto si sbagliano.»

«E voi non avete mai avuto professori da rispettare?»

«Sì, per fortuna, quando sono entrato all'università di Napoli ho seguito le lezioni private di Teofilo da Vairano, il mio maestro, e scoperto la filosofia. I miei occhi si sono aperti e ho capito perché avevo confidato. Mi ha iniziato ad Agostino e per suo tramite ai Greci e ciò mi ha aiutato a disputare con l'aristotelismo rigido che la faceva da padrone sulle menti. Stranamente, il mio secondo maestro, Vincenzo Colle da Sarno, era aristotelico, ma con lui ho scoperto un altro Aristotele più sottile di quello dei grammatici. Come che sia, poco importa la via scelta, ci sono asini che ragliano e sanno fare soltanto questo, e ci sono quelli che esercitano onestamente il loro lavoro asinino e trasportano carichi, girano la ruota del mulino, o ti rendono il viaggio più agevole. E poi, più o meno all'età in cui William si è ritrovato sposato suo malgrado, sono entrato in convento. Un altro matrimonio finito male, ma ti racconterò del mio divorzio con la Chiesa un'altra volta.»

Salutai Bruno e lo lasciai alla malinconia dei suoi ricordi.

L'indomani mattina, bussai alla porta di Grandjon alla prima ora decente per una visita. Lui era già nel suo ufficio e mi accolse allegramente.

«Ah! Ma non puoi più fare a meno di me.»

Gli spiegai il perché della visita.

«Senti, a questo riguardo non posso fare niente per te. Mi pare che fosse sposato, ma il mio ricordo è vago e ho assistito allo spettacolo da molto lontano.»

«Non conoscete qualcuno che possa saperne di più?»

«Lasciami pensare... Ci vorrebbe un italiano che abbia vissuto i fatti e sia stato vicino a Montecuculli... Ma perché t'interessa tanto? Ieri non mi hai detto che eri amico di quell'italiano sfratato che ha fatto colpo sul caro re Enrico che lo ha fatto lettore del suo collegio reale!»

Gli spiegai in due parole che Bruno, abitando vicino al luogo del massacro, era stato pregato dal tenente Dagron di tradurre una frase in italiano trovata sul luogo del delitto.

«Quale?»

Mentii spudoratamente:

«Non mi è stato detto. 'Segreto istruttorio.' E poi ne ho sentito parlare a casa e dunque la curiosità mi spinge a scoprire chi potevano essere quei librai orafi capaci di suscitare un simile odio.»

Grandjon mi guardava con le palpebre socchiuse. Ero sicuro che non credeva a una parola della mia risposta, anche se non lasciava trapelare niente. E poi, a proposito, come aveva saputo, dalla sera prima, che conoscevo Bruno? Parigi è un paese dove tutto si sa e tutto si vede. Ma come aveva fatto un vecchio che usciva ovviamente pochissimo a informarsi in poche ore? Oppure lo sapeva già il giorno prima e non mi aveva detto niente?

«Senti, va' a trovare Delpierre, il finanziere dei lorenesi. In verità si chiama Del Piero, ha iniziato la sua carriera a Lione negli anni Trenta e la sua famiglia è di Ferrara. Era a Lione nel '36 e con un po' di fortuna potrebbe informarti. Ma non è più giovane di me ed è in cattiva salute, non so se ti riceverà e soprattutto non so come va la sua memoria. Data la sua ricchezza, penso che con i numeri non abbia problemi; quanto agli esseri umani dei suoi ricordi, non so proprio. Ritieni, dunque, che ci sia un legame tra la morte di Montecuculli e il massacro degli Heucqueville?»

«Non ne ho idea. Ma bisogna ammettere che più so e più il liscio orafo lascia intravedere scure asperità.»

«Sì, sì, come tutti. Ti metti a frugare nel passato, nell'intimità, nei segreti di chiunque e tutto si complica e si offusca.»

«D'accordo, ma è raro che ciò si concluda con un macello di una simile ferocia, e bisogna pure che ci sia una causa proporzionata.»

«Forse si tratta di un pazzo.»

«Sì, ma allora un pazzo, o meglio due, con metodo, e che nessuno ha visto. Non è un pazzo disorganizzato, e perché mai un pazzo in verità assai ragionevole avrebbe fatto questo? Eccoci di nuovo alla causa che non può essere ordinaria. Ecco, cerco di capire chi era Heucqueville giusto per curiosità dell'umano.»

Prima di lasciarci, Grandjon mi fece promettere di tenerlo al corrente dell'indagine. Io promisi tutto quello che voleva.

Uscii da casa sua un po' disorientato, avrei dovuto sospettare che le mie domande ne avrebbero suscitate altre di rimando. Ma non era soltanto questo, c'era stato nel tono della conversazione qualcosa che mi sfuggiva.

Il palazzo di Delpierre era sulla riva destra, in rue Culture-Sainte-Catherine. Attraversai dunque la Senna, non senza difficoltà perché il freddo della vigilia si era accentuato e l'acqua che il travaso del fiume aveva lasciato sulle strade era gelata. Un portinaio mi fece aspettare, poi tornò a dirmi che il suo padrone era appena stato salassato e non si sentiva molto bene. Non poteva dunque ricevermi quel giorno ma, se mi fossi voluto presentare l'indomani e lui fosse stato meno fiacco, l'avrei visto.

Per magro che fosse il mio bottino, decisi di tornare in rue de Latran per farvi colazione con Bruno. Avrei potuto annunciargli di avere una pista e soprattutto speravo molto che mi avrebbe comunicato come promesso i risultati delle sue riflessioni.

Le strade vicine alla Senna erano come intrappolate dal ghiaccio e quasi impraticabili. Bisognava procedere passo passo e a taluni pareva più prudente spostarsi decisamente a quattro zampe. Salii da Bruno e trovai la sua stanza deserta. Mentre uscivo dal Drappo d'oro, Robillard mi chiamò e mi fece entrare al caldo della sua bottega.

«Una carrozza è venuta a prendere ser Bruno mezz'ora fa. Già stamattina presto, un servo era venuto a fargli visita. Ah, il nostro filosofo frequenta l'alta società. Ma via, se vi va di mangiare una ciotola di zuppa con noi, è di cuore.»

Accettai di buon grado. L'idea di ritrovarmi nel gelo esterno non mi allettava davvero, e in compenso quella di scambiare qualche parola con la fresca Guillemette mi tentava proprio. Fosse il calore della zuppa o l'emozione della mia presenza, lei aveva le gote rosse come un pomodoro. I Robillard mi parlarono del massacro cercando di sapere quale fosse il ruolo di Bruno nell'indagine, dal momento che intrallazzava con Dagron. Mi tenni sul vago e cercai piuttosto di discorrere dei guasti di quel freddo improvviso unito alle conseguenze della recente inondazione. Capii che la disgrazia degli uni era sempre motivo di gioia per altri: l'ondata di freddo si era rivelata benefica per il commercio di tessuti e di stoffe calde e i Robillard non chiedevano altro che vedere il maltempo protrarsi il più a lungo possibile.

Terminata la colazione, lasciai la famigliola ai suoi prosperi affari e salii ad aspettare Bruno in camera sua. Ravvivai il fuoco, mi accomodai nella sua poltrona e mi addormentai.

Fu Bruno a svegliarmi un'ora dopo, spingendo la porta della sua stanza. Non mi sembrava provato dalla gelida temperatura della strada. Glielo feci notare.

«È il vantaggio di spostarsi avvolto nelle coperte di una carrozza.»

Si tolse il mantello, feci per cedergli la poltrona ma lui me lo impedì e si sedette su quella di solito riservata ai suoi invitati.

«Allora, la famiglia Montecuculli?»

«Domani, spero di avere le informazioni domani.»

E gli raccontai le peripezie della mattinata.

«E voi, pranzate a corte, adesso?»

«Non a corte, ma in casa del presidente Brebiette.»

Lo conoscevo per averlo visto a volte in casa di mio padre o di uno dci miei zii. Doveva avere adesso più di ottantacinque anni, e la maggior parte delle persone lo chiamavano «il presidente» senza precisarne il nome. Di alta statura, un naso da uccello da rapina c occhi che vi spogliavano, di immensa cultura, di onesta ricchezza, era una figura emblematica della Toga parigina. Aveva sempre goduto della fiducia della Medici e faceva parte di quei «politici» che rifiutavano gli estremi. Era odiato sia dai protestanti sia dai leghisti che non avevano mai trovato il modo di insozzarlo. Due volte vedovo, non aveva figli.

«Dunque, di buon mattino bussano alla mia porta. Era il servo di Brebiette che veniva a invitarmi a pranzo dal suo padrone. Ovviamente ho accettato e una carrozza è venuta a prendermi in fine di mattinata.»

«Abita ai fossati Saint-Victor.»

«Sì, vicino a porta Bourdelle. Dunque, ben lontano dalle gelide inondazioni, altrimenti i cavalli non sarebbero potuti circolare. Una grande casa con un giardino cinto da muri. L'impressione di essere in campagna a due passi da Sainte-Geneviève.»

«E il motivo dell'invito?»

«Brebiette era a quanto pare venuto a una mia conferenza al Coqueret e da allora desiderava rivedermi e conversare con me. Ma è comunque strano che abbia aspettato un anno!»

«E di cosa avete parlato?»

«Ha cominciato con l'interrogarmi sui miei lavori attuali, cosa che gli ha permesso di dimostrarmi che aveva letto con cura i libri da me stampati da quando sono a Parigi. Mi ha mostrato la sua biblioteca, o meglio le sue biblioteche, dal momento che occupano almeno tre stanze. È forse la più importante che mi sia stato dato di vedere da un privato in Francia. Ma soprattutto ho avuto l'impressione che giocasse al gatto col topo con me.»

«Ovverossia?»

«Ebbe', per esempio, in occasione di una conversazione sulla commedia italiana, mi ha interrogato sul significato di alcuni termini del dialetto napoletano trovati nel mio *Candelaio.*»

«E allora?»

«E allora Julien non ha stampato quel libro da una settimana che Brebiette l'ha già in mano e l'ha letto, o quantomeno scorso. Ciò richiede una certa organizzazione, no? E nel corso di quella conversazione bruscamente passa dal francese all'italiano, pronuncia qualche frase in un toscano perfetto, poi torna senza batter ciglio al francese. Poi, ogni volta che nell'ardore della discussione mi esprimo in italiano, lui continua sistematicamente in francese. Con quelle poche frasi in toscano, ha voluto indicarmi qualcosa, ma non saprei dire cosa.»

«Il presidente è sempre stato un grande manipolatore di uomini, ma cosa vuole da voi?»

«Non lo so con precisione ma, con infimi particolari e senza darlo a vedere, mi ha fatto capire che sapeva tutto della mia vita parigina. Ma mai direttamente, sempre per allusioni. Per esempio non mi ha parlato di te, ma di tuo padre e dei tuoi zii, e in modo tale che fosse evidente che sapeva della nostra amicizia. Lo stesso, non ha accennato nemmeno una volta al massacro della casa del Gallo, ma mi ha parlato a lungo di Dagron, da lui conosciuto giovane sergente. Ma, anche allora, in modo tale che io capissi che sapeva assolutamente tutto ciò che Dagron mi aveva detto o chiesto come servizio e che io ero coinvolto in prima persona nell'indagine in corso. Era molto strano, avevo l'impressione di essere del tutto trasparente davanti a lui, ma senza che niente di tangibile lo giustificasse. A parte ciò, un ospite affascinante, premuroso, che mi trattava senza ostentazione ma con gusto... La pollastra era succulenta e le pere di Auch quantomai gustose.»

«E qual è stato il resto della conversazione?»

«Ebbe', dopo avermi parlato delle mie opere, ciò che significa conoscere la vanità degli autori, delle mie lezioni come lettore regio, della letteratura italiana da lui praticata più di me e, come casualmente, di Dagron e della tua famiglia, siamo passati al capitolo della giustizia. E allora non era più materia aneddotica per niente. Era addirittura di una grande elevatezza di spirito, ma nella bocca di qualcuno che ha fatto funzionare l'apparato al più alto livello per decine d'anni. Questa parte della conversazione era molto più 'vera' e, giacché i nostri punti di vista erano assai lontani ma non opposti, anche molto interessante. Per lui, perché a quanto pare sta scrivendo un trattato sull'argomento che sarà un po' come il suo testamento di alto magistrato. Per me, perché mi ha costretto ad affilare le mie argomentazioni. Un giorno ti renderai conto che non soltanto la discussione fa di rado cambiare idea agli antagonisti, ma che non serve a niente discutere con qualcuno che pensa nero mentre tu pensi bianco. Le sole conversazioni utili sono quelle in cui le opinioni vanno nella stessa direzione con differenze di sfumature. Del resto, se nel corso di una discussione nessuno cambia idea, per amor proprio o rigidità di ragionamento, molto spesso è a posteriori che le argomentazioni dell'altro si fanno strada. E soprattutto che si confessano a se stessi le debolezze che si sono sentite nel proprio ragionamento. E allora questo comincia a evolvere, impercettibilmente. E così lo spirito procede di errore in ripensamento e di poi in nuovi errori un po' meno falsi.»

«E di che ordine era il vostro disaccordo?»

«Stranamente, lui che ha applicato la legge per oltre cinquant'anni, quando non ha partecipato lui stesso alla sua elaborazione, che ha fatto funzionare la giustizia a ogni gradino fino al più alto, e ciò nel nostro secolo di disordini estremi, e dunque avendo dovuto adattarsi, ebbe'!, lui crede a una sorta di diritto naturale che sostituisce la morale personale. Mentre io, il monaco, il filosofo, ho una visione molto più pratica e una convinzione molto semplice: la giustizia non esiste. C'è un potere sovrano che impone la sua legge a coloro che dipendono da lui. Pronto del resto a cambiare la suddetta legge secondo le circostanze. È in virtù di questa legge che regnano i principi e che regni e repubbliche si mantengono. Questa legge si adatta alla configurazione e alla natura dei popoli e delle nazioni, e respinge l'audacia orgogliosa con il timore della giustizia e lo spauracchio dei supplizi.»

«Ma ci sarà pure un diritto fondamentale, un diritto naturale?»

«Sì, lo so, anch'io ho letto Tommaso d'Aquino. Ma non bisogna confondere la necessaria credenza in un diritto naturale con la realtà della sua esistenza. Farvi riferimento conferisce alla legge una legittimità sovratemporale, mentre di fatto la giustizia è soltanto il regno del relativo e del circostanziale. È evidente non appena prendi in esame un caso preciso.»

«Come per esempio?»

«Guarda quello che ci fa più orrore: i sacrifici umani. Per i babilonesi, i caldei e gli antenati dei persiani non erano un problema; noi non li accettiamo più e scopriamo che sono praticati soltanto nelle nuove Indie. Dov'è la natura umana in tutto questo? Ci sembra normale far soffrire un criminale prima di giustiziarlo: chi ci dice che un giorno gli uomini non troveranno ciò orribile e si porranno finanche il problema se sia giusto ucciderli? E l'incesto punito con la morte da noi e praticato dai faraoni, e il delitto punito con la morte per alcuni e redimibile per altri: qualche mese fa il ricchissimo Adjacet, conte di Chateauvillain e fermiere della gran dogana di Francia, non ha forse cancellato il suo crimine con duemila scudi alla sua vittima e cinquecento ai genitori? Il diritto naturale, la morale del diritto sono soltanto giustificazioni che si dà il diritto stesso.

«Ed ecco che Brebiette, che ha tanto partecipato al funzionamento della macchina, fa riferimento allo *jus sine fortium* di Aristotele e alla 'retta ragione' del venerabile Occam e al dovere morale di Marsilio da Padova. Di fatto avevo l'impressione che cercasse di dare una dimensione superiore alla giustizia da lui esercitata così a lungo.»

«Sì, Brebiette, questo presidente incorruttibile ed estremamente rigido.»

«I fantasmi del passato forse vengono a tirarlo per i piedi durante le sue insonnie di vecchio. Ma lui ha reso giustizia, io l'ho subita. Poi mi ha parlato di una sorta di contratto da rispettare. Gli ho risposto che non avevo alcun contratto con una società umana che non mi ero scelto. E che avevo rotto anche quello con l'Ordine, che si presume accettato in origine da me, perché l'Ordine non aveva rispettato i suoi impegni. E che ciò nonostante avevo avuto una sola possibilità di sfuggire all'Inquisizione: darmela a gambe. E a Ginevra dove avevo filosoficamente ragione contro du Faye e politicamente torto, mi sono battuto il petto. Il Fiorentino dice che non possono esserci buone leggi senza buoni eserciti, e dove ci sono buoni eserciti ci sono buone leggi.

«Infine, ha sorriso quando gli ho domandato se le leggi di Francia erano le stesse per lui, presidente ricco e rispettato, e per me, straniero povero e in cenci. Gli ho citato il grande teologo maomettano al-Ghazali, il quale riteneva che le leggi avessero per fine la sorveglianza dei costumi, la conservazione della pace e la crescita degli stati, non la ricerca della verità.»

Nel riferirmi le loro conversazioni, Bruno, pur così sicuro di sé, diventava trasognato.

«Questa discussione aveva comunque qualcosa di singolare che ancora mi sfugge. Quel magistrato che per tutta la vita ha fatto la legge o reso giustizia era intento a dirmi che si poteva trasgredire in nome di un valore supremo. E io, il monaco filosofeggiante, avevo il punto di vista pragmatico: bisognava rispettare o scappare senza vergogna.»

«E come vi siete lasciati?»

«Promettendo di ritrovarci, e giusto dopo aver evocato la giustizia divina. Ma si stava facendo tardi e abbiamo deciso di serbare quell'appassionante ma spinoso problema per un'altra occasione. So già in anticipo che lui, il laico, vi si riferirà molto più spesso di me ritenuto di Chiesa! Be', e tu cosa ci facevi, addormentato nella mia poltrona?»

Gli raccontai della mia mattinata, e della pista Delpierre/Del Piero. Gli espressi la mia sorpresa nel sentire Grandjon parlarmi di lui, Bruno, quando il giorno prima non vi aveva nemmeno accennato.

«Oh, basta che ieri sera abbia bevuto un bicchiere con tuo zio; non è poi così difficile!»

«Sì, ma non sono sicuro che mio zio conosca i nostri rapporti d'amicizia e sono anzi quasi sicuro del contrario perché, a parte i libri stampati, non nutre più alcun interesse per il mondo esterno. E allora, cos'avete fatto di tutti gli elementi che mi ha fornito Grandjon? Ma forse siete stanco di parlare e preferite che vi lasci.»

«Ma niente affatto.»

In realtà, come avrei contestato in più occasioni, il fatto di aver conversato per più ore con Brebiette, lungi dallo stancare Bruno, faceva sì che non si fermasse più. Lui che poteva passare settimane con la bocca turata, una volta scaldato, si ubriacava di parole come di vino una sentinella assetata.

«Ciò che mi hai riferito del caso Montecuculli delucida qualche punto oscuro e in special modo il particolare del pugnale nel sedere di Heucqueville. Non si tratta di un gesto gratuitamente sadico, gli hanno fatto pagare un goffo gioco di parole del suo epigramma. Tanti scrittori scrivono impunemente migliaia di pagine che meriterebbero una punizione, e quel povero Heucqueville viene castigato per le sole poche righe uscite dalla sua penna.»

Prese il foglio che era rimasto sul tavolo:

Montecuculli perfido il cui nome
Per due volte lo taccia sodomita.

«Heucqueville, per debolezza d'immaginazione poetica e per compiacere gli accomandanti di quella sinistra operazione, ha giocato con quel *cucul*, insignificante in italiano dove *Montecuculli* significa 'montagna del cuculo', ma che in francese raddoppia il suono di *cul*, culo.. Direi che gli assassini hanno punito l'orafo laddove il suo pensiero ha peccato. Pace all'anima sua. Ma soprattutto il caso così come te l'ha riferito Grandjon può giustificare con la sua scandalosa ingiustizia un simile odio inveterato. Montecuculli è stato accusato, sottoposto a tortura, condannato, squartato, mentre era innocente. Alle argomentazioni di buonsenso di Grandjon, potrei infatti aggiungerne di più scientifiche. Non si muore per avvelenamento da arsenico a distanza di otto o dieci giorni. O la dose è sufficiente e agisce entro due giorni, o non lo è e il corpo s'occupa di assimilare il veleno. A meno che, naturalmente, la prima dose non sia seguita da numerose altre, cosa probabilmente impossibile all'occorrenza e in ogni caso mai evocata dall'accusa. D'altronde, con l'arsenico muori tra atroci sofferenze, il corpo si svuota, le parti a contatto con il veleno ti bruciano, e inoltre l'alito della vittima è orribilmente agliato, un particolare facile da rilevare, soprattutto per gente del Nord. Niente di tutto questo è stato riferito: avrebbe orientato l'apertura e l'esplorazione del cadavere del Delfino. Si è però accusato Montecuculli a posteriori, per placare il popolo e distrarre la mente del re, e ciò al di fuori di ogni logica e di ogni giustizia. Questi signori delle lettere se ne sono poi serviti per i loro meschini interessi personali. E anche Heucqueville, per quel che si sa. Adesso resta da trovare chi ha potuto serbare il suo odio al caldo per più di quarantacinque anni. Chi è stato toccato così profondamente da questo dramma da eliminare, dopo tutto questo tempo, il falso testimone e cattivo poeta con tutta la sua discendenza. Occorre assolutamente che sia qualcuno di molto vicino, figlio o fratello, segnato da questa tragedia per la vita e la cui esistenza sia stata distrutta dall'evento. Dunque attenzione domani, sperando che il tuo colloquio con Delpierre ci fornisca gli elementi necessari che ci mancano. Se Montecuculli avesse figli o fratelli, avremmo una pista seria, e allora toccherà a noi vedere cosa farne. In caso contrario... ci penseremo.»

«E il corvo trovato sul luogo del delitto?»

«Ho frugato nella memoria e poi sono tornato a Saint-Victor per far visita alla biblioteca di maestro Cotin. In genere, il fatto che sia nero come il peccato, che il suo grido sia lugubre e che si nutra di carogne non fa davvero del corvo un animale benefico. Cosa che, ammetterai, non è sorprendente, dato il luogo in cui è stato lasciato. Ma ci sono delle sfumature: così Sant'Agostino a causa del suo grido 'cras-cras', dunque 'domani-domani' in latino, ne fa l'immagine del peccatore negligente che rimanda sempre all'indomani la conversione. Il servizio che esso ha reso a Noè durante il Diluvio può anche attribuirgli della perspicacia e secondo Eliano avrebbe doti divinatorie. E tralascio le credenze popolari secondo cui i corvi si accoppiano con la bocca e dunque partoriscono per lo stesso orifizio, e per questa ragione le donne incinte mangiano un uovo di corvo, restituendo dalla bocca il frutto del loro ventre eccetera. Il problema con la simbologia è che ci si perde, ed è difficile sapere ciò che l'autore del massacro aveva in mente.»

«Dunque non ne pensate niente!»

«Non proprio. Ti risparmio ciò che dicono Aristotele, Plinio, Sant'Isidoro, il bestiario toscano, Svetonio, Strabone, Isaia, Ovidio, Esopo e non so più chi altri. Da questo magma isolo due riferimenti particolari.»

«Quali?»

«Anzitutto lo pseudo-Plutarco per il quale Lione, il cui nome latino è *Lugdunum*, significherebbe 'la collina del corvo'. E poi Alciati.»

«Ah! Ma certo, la 'giusta vendetta'!»

«Bene. Rammenti dunque:

Il nero corvo per mangiar avea preso
Uno scorpione, in gola lo aveva preso.
Lui vendicossi e spargendo veleno
Al predatore mise morte in seno.
Come a dire che chi di spada ferisce
Di spada perisce.

«E se aggiungo che *Emblemata* di Alciati è stato pubblicato nel 1558 da Guillaume Rouille... a Lione, penso che il messaggio diventi chiaro: Lione e 'giusta vendetta', e anche se non posso dimostrarlo ammetterai che ciò non contrasta con la tesi Montecuculli, al contrario.»

La sera, quando tornai a casa, mio padre mi fece andare nel suo studio e dopo qualche banalità mi chiese d'invitare Bruno a cena l'indomani sera. Era la prima volta che mio padre proponeva che Bruno venisse a casa nostra. Era perfettamente al corrente della nostra amicizia, ma fino a quel momento non aveva avuto occasione di incontrarlo se non per caso mentre camminavamo insieme in una strada o in qualche libreria accanto al Palazzo del Municipio. Decisamente Bruno stava diventando un invitato molto ambito.

VI

La mattina andai da Delpierre, che aveva passato una brutta notte e mi fece chiedere di tornare a fargli visita nel pomeriggio. Poi mi recai in rue de Latran ad avvertire Bruno della cena in casa di mio padre. Nonostante il freddo persistente arrivammo fino ai bordi della Senna per osservare i guasti del gelo nei quartieri vicini al fiume; la Senna trasportava blocchi di ghiaccio che andavano a cozzare pericolosamente contro i pilastri del Petit Pont e del ponte Saint-Michel. Questo spettacolo insolito attirava i curiosi e tra loro riconobbi un amico di mio padre, Pierre de l'Estoile, grande usciere alla Cancelleria, che avevo visto più volte durante le cene in rue des Cordeliers. Vedovo da due anni di una dama di Baillon, era appena convolato a nuove nozze. Mio padre mi aveva raccontato che, dall'inizio del regno di Enrico, l'Estoile prendeva nota giorno per giorno e in segreto di tutti i fatti grandi e piccoli di cui veniva a conoscenza, che si svolgessero a Parigi o altrove nel regno. Pare che trascrivesse non soltanto gli eventi politici o delle lettere, ma le dispute in tribunale, le tragedie, le curiosità climatiche, gli incidenti strani, le liti e finanche tutte le facezie che riusciva a scovare. Ciò doveva significare migliaia di pagine che egli non mostrava mai a nessuno. Quale strana occupazione serbare simili tracce per delle generazioni a venire, di cui non sapeva se avrebbero mai dimostrato il minimo interesse per cose siffatte. Avevo sempre pensato di parlargliene e di accennare a ciò che dal canto mio vado annotando delle conversazioni con Bruno, ma non era quello il luogo. Era in compagnia di un uomo più giovane che ci presentò come François Béroalde, spiegandoci d'esser stato allievo di suo padre, in compagnia di Théodore Agrippa, e che il detto padre l'aveva protetto quando Condé si era impadronito di Orléans nel '62. Avendo Béroalde trascorso numerosi anni a Ginevra, lui e Bruno cominciarono a parlare di conoscenze comuni. Ebbi l'impressione, nel vederli discutere calorosamente e farsi beffe di qualche somaro addobbato di anelli e di titolo di dottore che colà insegnava, che Béroalde il convertito fosse più vicino in ispirito al monaco filosofo di quei signori di Ginevra. De l'Estoile nel frattempo osservava con attenzione quelle inondazioni trasformate in ghiacci e quei blocchi che navigavano sulla Senna, come se già li stesse annotando nei suoi quaderni. Ero convinto che avesse scritto del massacro degli Heucqueville come avvenimento fuori dell'ordinario. Registrando quotidianamente, intendeva forse serbare le cose più comuni dell'epoca in quanto più umane?

Ci separammo. Bruno pareva tutto eccitato dalla sua conversazione e, senza entrare nei particolari, mi disse:

«Che strano calvinista, col dente ancor più avvelenato verso i suoi simili di me che tuttavia ho il tarlo per loro.»

Bruno e io risalivamo rue Saint-Jacques quando all'angolo con rue des Mathurins c'imbattemmo in Dagron. Come al solito sembrava felice di vederci e propose di riscaldarci in una bettola di rue du Foin. Come al Pichet per la nostra colazione, pareva che anche lì Dagron fosse a casa sua: aveva un tavolo riservato tutta la settimana in un angolo della sala. Prese del vino caldo, mentre Bruno e io trovammo più salutare una tazza di brodo bollente.

Dagron aveva la faccia rubizza e gli occhi scintillanti. Capii dal suo modo di vuotare il boccale e di ordinarne un altro che non erano i primi della mattinata e che quello doveva essere il suo modo di lottare contro il freddo.

«Allora» gli domandò Bruno, «avete fatto progressi con i Mazzotti?»

«Sì e no. Sì, perché certi elementi confermano i primi sospetti. No, perché ignoro dove si trovino.»

«E quali sono questi elementi?»

«I Mazzotti risiedevano a Parigi da alcuni mesi e dunque erano sul posto il giorno del massacro. Abbiamo ritrovato la casa di rue Saint-Denis in cui abitavano da aprile, e i bottegai con i quali erano in rapporti di affari. Commerciavano con le grandi città di mercato del Piemonte, della Lombardia e della Toscana. Il problema è che sono spariti da una settimana esatta, vale a dire l'indomani del delitto.»

«Forse sono in viaggio di commercio.»

«No, sono partiti di fretta dall'oggi al domani senza avvisare nessuno, e io non credo alle coincidenze. Ho fatto avvertire le principali città in cui potevano far tappa sulla via per l'Italia, ma troppo tardi per intercettarli. Conosco però non poche persone nella fornitura di merci italiana e ritroverò le loro tracce.»

«Voi non credete alle coincidenze eppure esse esistono e in gran numero, e sopiscono il nostro acume d'intelletto. Per esempio, avete pensato che due giorni dopo il massacro della casa del Gallo tutta Parigi era al corrente e che, sapendo di essere sospettabili e non sempre ben visti per il fatto di essere italiani in questo tipo di situazioni, possono avere ritenuto più prudente mettersi al riparo?»

«È una possibilità, ma so per esperienza che i criminali hanno la tendenza a fuggire dopo il misfatto.»

«Anche gli innocenti accorti!»

«Insomma, vedrò quando gli avrò messo le mani addosso: ci sarà ancora tempo per interrogarli.»

«Sapete benissimo come sono quegli interrogatori che vi costringono a parlare ma anche a dire ciò che ci si aspetta da voi.»

«Possono avere un alibi per la sera in questione.»

«Certo. Possono anche essere innocenti e non avere alibi ed essere rimasti a casa a giocare a carte senza testimoni.»

«Vedremo. Io sono incaricato di trovare dei sospetti e di consegnarli allo Châtelet. Poi se la vedranno i magistrati.»

«Sì, ma l'orrore degli otto assassinati e i disordini della popolazione quando comincia a sentirsi l'odore di sangue e di vendette dolorose! Una volta presi dalla corrente, impossibile sfuggirvi. Non c'è alcun elemento che vada contro i vostri sospetti?»

«Forse, ma io ne diffido. Mi è venuto all'orecchio che dei tirapiedi, dei sicari avrebbero ricevuto un compenso per quel compito. Ma la notizia arriva da informatori disperati con l'assoluta necessità di farmi favori e dunque pronti a inventare o quantomeno a esagerare, e poi sono voci vaghe, niente di preciso.»

Bruno fece il broncio:

«Ci sono comunque in ciò che sappiamo degli elementi che disturbano la vostra tesi.»

Lungi dal sembrare contrariato per l'osservazione, Dagron sorrise e disse:

«Quali, secondo voi?»

Decisamente, egli preferiva più lo scontro dei ragionamenti che la comodità delle ipotesi solide.

«Anzitutto, siete sicuro che la colpevolezza di Mazzotti trovi riscontro nei particolari più strani del massacro, per esempio nel pugnale?»

«Raffinatezza sadica e infamante.»

«Il corvo?»

«La 'giusta vendetta':

Il nero corvo per mangiar avea preso
Uno scorpione, in gola l'avea preso.
Lui vendicossi veleno spargendo:
e 'l suo predator pagò morendo.»

Bruno faticò a dominare la sorpresa. Quel Dagron era decisamente uno strano uffiziale. Portato al bere, grande amatore di gentili donzelle, il pugno facile e capace di trovare e citare a memoria un emblema di Alciati!

«Benissimo, ciò conferma che c'è stata vendetta, ma non dice che sia necessariamente quella di Mazzotti.»

Tacque per qualche secondo, poi riprese:

«Gli assassini del Pont-au-Change avevano risparmiato il neonato».

«Ebbene, loro non l'hanno fatto. La vendetta è più cieca del semplice delitto d'interesse.»

«L'orafo Mazzotti era stato derubato. Lì, a quanto pare, niente è stato sottratto.»

«Per loro si è trattato di vendicare i parenti, non hanno voluto abbassarsi a ricordare la perdita di beni terrestri.»

«E, soprattutto, dopo la mia visita alla casa del Gallo ho riflettuto. Quando siete venuto a trovarmi la prima volta, mi avete chiesto di tradurvi in francese *Ricorda Leone.*»

«Sì, e ammetterete che la bottega di Pont-au-Change aveva come insegna un Leone d'argento: altra strana coincidenza.»

«Be', se proprio si vuole, giacché la scritta non era *Ricorda Leone d'argento.*»

«Sottigliezze. Non hanno avuto tempo, o non si sono presi la briga, con *Leone* l'allusione era già chiara.»

«Sì, ma se non fosse *Leone*?»

«Vale a dire?»

«Quando ho visto la scritta con i miei occhi, ho avuto un dubbio. Poteva essere *Ricorda Leone* come pure *Ricorda Lione.* Scrivere col dito e col sangue su un muro in simili circostanze non è cosa facile, e a leggere attentamente potrebbe trattarsi tanto di una *e* quanto di una *i* troppo veloce e maldestra. E, a ben guardare, è più simile alle *i* di *Ricordi* che alle *e* di *Leone.*»

«E con questo?»

«Questo cambia tutto. Infatti non si ha più: 'Ricordati del leone', ma: 'Ricordati di Lione'.»

Dagron fece un cenno per chiedere un terzo boccale. Stavolta era lui ad accusare il colpo.

«E voi avete un'ipotesi lionese?»

«Non lo so ancora. Ma voi avrete sicuramente indagato anche su questo».

«Sì, e ho scoperto soltanto una voce a proposito di metalli che non erano così preziosi come sarebbero dovuti essere. Dunque niente che meriti una simile vendetta cinquant'anni dopo.»

«Forse non avete cercato dove si doveva.»

All'inizio Bruno voleva liberare i Mazzotti dalla melma con cui Dagron cominciava a spalmargli le zampe; ora, forse trasportato dallo slancio, si assumeva il rischio di pungere Dagron nel vivo e di stuzzicarlo. Ma l'investigatore di professione non poteva abbassarsi a interrogare direttamente Bruno sulla sua osservazione. Scelse di rispondere in tono leggero e sicuro:

«Ma io non ho ancora avuto tutte le informazioni che ho chiesto».

«Allora rivediamoci quando uno dei due avrà delle novità.»

«Benissimo, e forse già domani! Allora, adesso pubblicate delle commedie! Vi credevo filosofo e lontanissimo da un genere così leggero e superficiale.»

«Bisogna confessare che la mia è una commedia molto affettata, impossibile da recitare e non facile da leggere. Quando ci si dà alla filosofia, è molto difficile sfuggirle. Come dice il proverbio italiano: 'Il corvo non sfugge al suo nerume'. Ma sarò felice di offrirle una copia del mio *Candelaio.*»

«Grazie, ma non potrò leggerlo. Se leggessi l'italiano, non ci saremmo mai conosciuti. Sarà giusto per serbare un ricordo di voi o nel caso che un giorno imparassi la vostra lingua, e perché no per gli occhi neri di una delle vostre *ragazze*».

«È, a quanto si dice, il metodo migliore, e in ogni caso il più piacevole, purtroppo vietato alla gente di chiesa. Suppongo anche che il vocabolario acquisito con un'innamorata non sia lo stesso di quello dei libri.»

Dagron era ilare, e Bruno, serio come un canonico, continuava a confrontare i due metodi.

«I libri hanno del resto l'immenso vantaggio di poter essere chiusi e abbandonati senza spiegazioni sentimentali o crisi di pianto. Devo per contro ammettere che la sera a letto tengono assai meno caldo della vicinanza di una giovane fanciulla.»

Mi sono sempre domandato perché Bruno non avesse varcato definitivamente il confine del chiostro, lui che tanto nelle parole quanto negli scritti rivelava grande disposizione alla licenziosità, non ritenendola un grave peccato. E poi chi è quella Morgana cui ha dedicato il *Candelaio*? È rimasto saggio per filosofia suprema dell'esistenza, o per fedeltà ai suoi primi impegni, o ancora per timore del mistero della donna?

Secondo quella che sembrava una sua abitudine, Dagron pagò il nostro scotto con un cenno del capo al padrone e ci separammo in rue Saint-Jacques. Riaccompagnai Bruno al suo alloggio e rientrai per pranzo a casa mia. Seppi da mio padre, con mia grande sorpresa, che tra gli invitati di quella sera figurava il presidente Brebiette, le cui visite a casa nostra non erano delle più frequenti.

Dopo pranzo filai da Delpierre.

Pareva che fosse ancora più freddo della mattina, e i rari passanti che s'incontravano per strada erano celati sotto numerosi strati d'indumenti e di lane che lasciavano scoperta nel volto soltanto una piccola fessura per gli occhi.

Stavolta, il lacchè mi accolse in anticamera e m'invitò a togliermi l'ingombrante impaludamento, poi a seguirlo. Dopo aver percorso un corridoio ed essere passato per un vestibolo da cui partiva uno scalone impressionante, m'introdusse in un salotto riscaldato da un ampio caminetto e illuminato da un lampadario in cristallo di Venezia. Il luogo era di un lusso quale non avevo mai conosciuto. Immensi arazzi di Bruxelles di alto liccio ricoprivano due pareti e sulla terza erano appesi su più file dei quadri, tra cui figuravano una testa di San Giovanni Battista che mi parve del grande Leonardo, una Madonna di Raffaello, un Rosso Fiorentino e un Primaticcio, che riconobbi dal loro modo particolarissimo, come pure tele di altri pittori italiani di cui ignoravo il nome.

Il suolo era coperto da folti tappeti turchi, le finestre che davano sul giardino erano sormontate da bassorilievi colorati dei della Robbia. La stanza era ammobiliata con un buffet ornato di sei colonne scanalate in legno del Brasile e arcate, e con un tavolo che aveva al centro un grande ovale di diaspro arricchito da intarsi a fiori, il bordo orlato di due filetti di mogano: veri mobili di corte! Due cassoni toscani facevano da supporto a una serie di antichità etrusche o romane. Alcuni amici di mio padre erano ricchi, ma la Toga non ama l'ostentazione del lusso. Pareva che per un finanziere esibire la ricchezza fosse come mostrare la propria abilità a far fruttare il denaro. Sapevo che Delpierre possedeva d'altronde una proprietà in Anjou, il castello di Rochefond e l'annesso titolo di barone, dove passava la stagione calda e dava, a quanto pareva, feste sontuose.

Aspettai un altro quarto d'ora, cosa che mi permise di inventariare con cura e di ammirare il contenuto della stanza, poi il domestico venne a prendermi. Mi fece salire al primo piano fino alla stanza di Delpierre. Il padrone di casa era seduto in un letto a pendoni di arazzi turchi, la schiena contro dei cuscini. Indossava una camicia da notte increspata, uno scialle sulle spalle e il petto, e una cuffia di cotone gli nascondeva i capelli. Il suo volto era emaciato, gli occhi erano infossati e la bocca sdentata.

M'invitò a sedermi in una poltrona in prossimità della testata del letto.

«Siete dunque Hennequin?»

Mi disse di aver incrociato mio padre e aver meglio conosciuto alcuni dei miei zii più vicini alla sua tarda età. Aveva serbato le origini d'oltralpe e un accento marcato.

«Sono desolato di ricevervi così, ma ho un umore freddo, sono debolissimo e non posso alzarmi. Tossisco sangue, ho come una fucina nel petto e quei somari di medici non trovan di meglio da fare che salassarmi, appiopparmi cataplasmi cocenti e puzzolenti e farmi prendere decotti di piante che hanno il solo effetto di sconvolgermi la digestione, con ciò che ne consegue. Vi ha mandato Grandjon. Cosa posso fare per voi? Di solito mi s'interpella per questioni di denaro. Ma non un Hennecquin.»

«Pare che voi foste a Lione negli anni Trenta e possiate informarmi sulla famiglia di Sebastiano di Montecuculli.»

«Perché interessarsi di quel povero Sebastiano cinquant'anni dopo? Pace all'anima sua, ovviamente non c'entrava affatto con la morte del Delfino. Ma era italiano, e bisognava sacrificare un capro per placare lo sgomento del buon popolo e del suo grande re.»

«In seguito al massacro della casa del Gallo, mi sono interessato al passato di Heucqueville l'orafo, ed è stato Grandjon a riferirmi la voce dell'epoca circa il suo ruolo nella condanna di Montecuculli.»

La respirazione di Delpierre era rumorosa e lui chiudeva gli occhi ascoltandomi. Non avrei saputo dire se fosse per debolezza o per riflettere meglio su ciò che mi avrebbe risposto. Ogni tanto due domestici entravano nella stanza per mettere ordine nel caminetto e alimentare il fuoco.

La voce di Delpierre era sibilante, intralciata dall'assenza totale di denti. Fu inquietante per me, ancora impregnato com'ero della ricchezza del suo palazzo, sorprenderlo nello sfacelo del suo corpo.

«Ah, Heucqueville! Se ne è parlato, ma non si sono mai avute prove, e poi l'argomento era delicato, e il re colpito nel profondo, e tutti si sono affrettati a guardare altrove. Io sono arrivato a Lione nel '22. Avevo venticinque anni e mi ero fatto le ossa dai banchieri di Firenze. Ho pensato che ci fosse la possibilità di mettere a frutto la nostra esperienza del denaro. Lione era una città in piena espansione e già molto industriosa a quel tempo: la seta, la stampa, il commercio con la vicina Svizzera, le Terre dell'Impero, il Piemonte e la Lombardia e le ricchezze del ducato di Borgogna, e poi era un crocicchio sulle strade delle fiere di Champagne o dei traffici col Mediterraneo. Tutto ciò mi è sembrato favorevole a una carriera bancaria, e avevo ragione. Lione con le sue quattro fiere annuali era davvero la seconda capitale del regno. Ho conosciuto Heucqueville, che lavorava con il padre. Era un tipo alla mano, ma dopo poco mi sono accorto che suonava falso. Dopo aver avuto degli screzi con lui in due o tre occasioni, l'ho sempre tenuto a distanza. E poi c'è stata la venuta del re e della sua Corte e dell'esercito. La città era in ebollizione, non c'era bisogno di cercare gli affari, pareva che fossero loro a venirti incontro. La famiglia di Sebastiano e la mia erano di Ferrara, dopo poco ci siamo conosciuti e trovati simpatici e fatti dei favori. Io conoscevo Lione da più di dieci anni e potevo essergli di buon consiglio. Lui mi ha introdotto nell'ambito del futuro re. Siamo diventati amici un po' più del necessario per fare piacevolmente affari insieme. Quando, dopo quella sventurata partita di pallacorda, il Delfino morì e venne fuori quella storia dell'arsenico, più nulla era possibile. Era inutile mettersi di mezzo, non si poteva impedire niente e c'era il rischio di farsi travolgere dalla corrente. Il semplice fatto di essere italiani ci rendeva sospetti. Abbiamo rasentato i muri, fatto finta di guardare altrove, ma da parte mia non ho mai dimenticato e da allora, nonostante tutti gli avvenimenti posteriori della mia vita, non ho mai smesso di pensarci.»

«Montecuculli aveva moglie e figli?»

«Sì, una moglie giovanissima con già due figli, e al momento della tragedia era incinta. Era molto pericoloso per lei e i figli e, alla fine del processo, l'abbiamo costretta a lasciare Lione. Per fortuna, perché, se fosse stata sul posto al momento del supplizio del marito, sarebbe impazzita. Con la folla ammattita per la rabbia, lei e i suoi figli sarebbero potuti diventarne vittime.»

«Che ne è stato di lei?»

«È tornata in famiglia vicino a Ferrara e ha partorito un maschio. L'ho rivista qualche anno dopo, durante una visita ai miei genitori. Era malinconica e come morta dentro. Non si è mai risposata.»

«E i figli?»

«Sono morti tutti e tre.»

Il cuore mi balzò nel petto. Con quelle parole, Delpierre segava alla base in un sol colpo la teoria bruniana, fino allora perfettamente coerente.

«In quali circostanze?»

«I due maggiori, un maschio e una femmina, sono morti di una malattia infantile a cinque o sei anni. L'ultimo, quello nato dopo la morte del padre, è stato ucciso adolescente in una rissa di giovani dove i pugnali escono di sorpresa dalle cinture e colpiscono a tradimento. Stavolta Anna non è sopravvissuta al dolore, e qualche mese dopo ha raggiunto il marito e i tre figli nel regno delle tenebre.»

«Montecuculli aveva fratelli?»

«No, soltanto una sorella di cui ignoro la sorte. In verità è come se dopo l'ignominiosa fine di Sebastiano la famiglia Montecuculli avesse preferito estinguersi.»

Dato l'eloquio difficile di Delpierre, la conversazione che riferisco si era svolta a un ritmo di lentezza tale che l'aveva fatta durare ore. Le sue frasi erano punteggiate di silenzi che gli permettevano di riprendere fiato. Tutto ciò lo stancava, ma l'argomento gli stava evidentemente troppo a cuore perché avesse davvero voglia di interrompersi. Non potevo fare a meno di pensare che lui stesso non avrebbe tardato a raggiungere il regno delle ombre e ritrovarvi la sventurata famiglia Montecuculli.

«La sorte di Heucqueville non mi ha commosso oltre misura. Semplicemente, non capisco troppo bene le ragioni di questa furia omicida, che non ha risparmiato né bambino né moglie né serva. Ma inutile volgersi verso i Montecuculli, hanno un alibi impossibile da contraddire: sono tutti morti.»

Esitai un po' ma, pensando che non avevo niente da perdere, gli domandai:

«E i Mazzotti?»

«Ah, decisamente hai condotto una vera e propria inchiesta su Heucqueville. Un'altra voce della notte di San Bartolomeo, e ce ne sono state molte. D'altronde, pare che Heucqueville abbia collezionato le voci per tutta la vita, senza patirne troppo fino alla settimana scorsa; come se avesse pagato i suoi debiti all'ultimo momento e in una sola tratta. I Mazzotti sono stati assassinati e la loro bottega saccheggiata nella notte del 25 agosto. Date le circostanze, non è stata aperta nessuna inchiesta. Ci sono state decine di casi simili e nessuno aveva interesse ad alzare il coperchio della pentola. Poi anche loro erano italiani. Restano le voci su Heucqueville, ma nessuna prova.»

«E i due figli?»

«Sono tornati nella famiglia della madre a Siena e poi si sono dati al commercio.»

«Sì, ma sono tornati a Parigi in aprile.»

Nonostante le palpebre chiuse, vidi che Delpierre era stupito del fatto che fossi al corrente.

«Erano qui per ragioni di affari e siamo stati in molti a facilitare loro il compito. Non è giustizia, dopo la loro tragedia?»

«Ma loro sono scomparsi subito dopo la morte di Heucqueville.»

«Sono tornati per affari e non per vendicare una voce. Una volta commesso il massacro, era più prudente anticipare i sospetti che necessariamente sarebbero caduti su di loro.»

«Come potete essere così sicuro che non abbiano ceduto alla tentazione di vendicare i genitori per il decimo anniversario della loro morte?»

Il silenzio che precedette la risposta di Delpierre fu più lungo dei precedenti: era intento a scegliere accuratamente le parole.

«Sapendosi al di fuori di tutto questo, di loro spontanea volontà non volevano lasciare Parigi, ma è stato loro consigliato di farlo. E si è dovuto insistere, per giunta: fosse stato per loro, non si sarebbero mossi. Non bisogna mai dimenticare le parole del presidente Harlay: 'Se mi accusassero di aver rubato le torri di Notre-Dame, comincerei a darmela a gambe!'»

Le parole di Delpierre potevano venire da informazioni riferitegli dall'ambiente italiano di Parigi. Potevano anche essere di qualcuno che aveva partecipato di persona ai consigli in questione e col denaro alla loro messa in pratica. Ma era inutile interrogarlo, non ne avrebbe cavato nulla. D'altronde, come se avesse letto nei miei pensieri, lui tagliò corto:

«Mi sento molto stanco».

«Sì, me ne vado, vi ho rubato molto tempo e molta salute. Spero che vi rimettiate rapidamente.»

«È poco probabile. I medici dicono che il mio sangue è molto corrotto. La vita mi sta scivolando tra le dita, ma a differenza di Sebastiano io le avrò preso tutto ciò che ha da offrire. Che si concluda è parte della storia.»

Tirò il cordone a capo del letto e il domestico venne a prendermi per riaccompagnarmi senza una parola in anticamera. Rimisi i tanti strati di indumenti che dovevano proteggermi.

Era troppo tardi per andare a informare Bruno e tornai direttamente in rue des Cordeliers.

Come in occasione di ogni ricevimento o cenone, delle torce illuminavano l'ingresso del cortile per accogliere i nostri invitati. L'alone di galaverna che fluttuava in aria dava al nostro palazzo un aspetto irreale. All'interno regnava una certa agitazione. Si era tirata fuori l'argenteria e mio padre aveva fatto venire per la serata degli aiuti in cucina, un maggiordomo e numerosi domestici per assicurare il servizio. La tavola era apparecchiata nel salone. Tutti i caminetti della casa erano stati accesi fin dal mattino e un tepore insolito regnava, come se i muri stessi si fossero riscaldati.

La prima carrozza a presentarsi fu quella del presidente Brebiette, che abitava più lontano di tutti da noi. Poi arrivarono i Dinteville: lui era referendario e grande amico di mio padre, lei era vivace e sempre allegra. Poi mio zio François e mia zia, Corbinelli e Bruno, poi Brielle, un giovane avvocato con la bellissima moglie. La donna posò il manicotto di velluto e il mantello foderato di martora e apparve in un abito di velluto cremisi a doppia coda e maniche pendule che risaltò per tutta la serata tra gli indumenti neri e viola degli altri invitati. Infine entrò Brisson. Presidente del Parlamento, consigliere di Stato e molto apprezzato dal re, era autore di numerose opere sul diritto romano, tra cui il famoso *Diverborum quae ad jus pertinent significatare libri XIX*, che costituiva per tutta una generazione di giuristi, una preziosa fonte di citazioni latine tali da dare una parvenza di serietà al ragionamento più banale. Tutti, anche chi abitava nelle vicinanze, erano venuti in carrozza, a eccezione, ovviamente, di Bruno, che pareva più frate predicatore del solito. Tutti esibivano entrando nell'anticamera il sorriso felice di chi arriva in porto sicuro dopo aver affrontato la tempesta. Presentai Bruno a chi non lo conosceva, ovvero i Dinteville e i Brielle. Brisson ricordava di averlo incontrato durante le sue visite all'Accademia del Palazzo, Brebiette l'accolse con un gran sorriso, come se si frequentassero da sempre e con alcune frasi in toscano cui Bruno rispose nello stesso dialetto. Ebbi appena il tempo di prenderlo da parte per dirgli ciò che avevo saputo sul tragico destino della discendenza di Montecuculli, che passammo a tavola. Il freddo metteva fame. Mio padre presiedeva a un capo del tavolo e mia madre all'altro. Al centro, erano posti Brebiette da un lato e Brisson di fronte. Bruno era accanto a Brisson.

Dagli antipasti e dalle minestre a chi mangiava albicocche o susine di Damasco, passando per pasticci di cacciagione o pulcini in guazzetto, la conversazione alternava grandi e piccoli temi. La casa del Gallo fu appena sfiorata, il problema delle inondazioni più ampiamente trattato. Per forza di cose si tornò a evocare il processo per concussione fatto dal reverendo d'Herivaux al consigliere Poille, signore di Saint-Gratien, vicedecano della Camera Alta e cugino di Brisson. E tutti a giudicare il processo iniquo e a essersi comunque fatti una propria idea, data la reputazione del detto Poille, e Brisson a dichiarare scandaloso che se la prendessero con un suo parente. Per cambiare argomento, mio padre evocò il volume *La Puce de Mme des Roches,* che conteneva un componimento in versi di Brisson. Tre anni prima, una commissione di parlamentari era stata inviata a Poitiers per rimettere ordine nella giustizia della provincia ridotta a mal partito dalla guerra civile. E Brisson vi si era recato in quanto avvocato generale. E tutti quei signori ad annoiarsi a morte della provincia e della frequentazione delle signore des Roches e di parlare di lettere e all'occasione di poetare. Fino al giorno in cui una pulce intravista sulla scollatura della giovane Catherine dette luogo a una tenzone in versi, che era appena stata pubblicata da Langelier. Sembrava che Brebiette avesse aspettato soltanto questo per citare alcuni versi:

O nostra pulcetta, che pungesti
Le grazie alabastrine
Della dotta Catherine
Se conoscessi la tua fortuna,
Che pulce felice saresti.

« Allora, Brisson, c'è voluto che pubblicaste una decina di opere dottissime ma, lo ammetterete, un tantino noiose per accorgersi che la vostra vera vocazione è la poesia licenziosa. A quando un'*Arte di amare* o dei sonetti nello stile dell'Aretino? »

Brisson sorrise imbarazzato. Era un giurista serio, un pozzo di scienza, un lavoratore indefesso che godeva dei favori del re, ma anche un lento, un metodico, incapace di lottare con la vivacità di spirito di Brebiette. Questi si divertiva a beffarsi di lui in quanto Brisson aveva occupato dei posti in cui Brebiette l'aveva sempre preceduto, e ciò lo irritava manifestamente. Brebiette concludeva del resto ogni loro discussione con un paternalistico: «Ma non preoccupatevi, Brisson, finirete primo presidente». Fu mio padre che sviò la conversazione.

«E il vostro trattato, presidente?»

«Procede, procede, ma è il mio primo libro e alla mia età fors'anche l'ultimo, sicché correggo, miglioro, agghindo. Attenzione, non è storia e non sono miei ricordi, è filosofia della giustizia, e tanto vissuta quanto cercata nelle opere antiche. E, per questo, quanto quello dei giuristi, m'interessa il punto di vista dei filosofi» disse rivolgendosi a Bruno, «e di un uomo che ha viaggiato in tutta Italia e a Ginevra e a Tolosa, dove i costumi differiscono da Parigi.»

Bruno rispose che conosceva a malapena il diritto canonico che concerneva la teologia e che nella sua esperienza aveva incontrato soprattutto l'ingiustizia, che era la stessa sotto tutti i cieli.

Eravamo al secondo arrosto di airone giovane e di conigliętto in salsa bastarda con pasticcio di quagliette, e i domestici riempivano scrupolosamente i bicchieri appena vuotati d'acqua o di vino di Beaune, oppure di Tournon del Rodano, che era buonissimo. Brebiette riprese la parola e, guardando Bruno dritto negli occhi, gli disse:

«Come sapete, la mia famiglia è di Lione, dove ho operato come procuratore fino al '38, quando sono passato al parlamento di Grenoble».

«No, lo ignoravo» disse Bruno.

«Ah, be', mi pareva che foste intento a stendere l'elenco di tutti i vecchi parigini che avevano iniziato la loro carriera a Lione negli anni Trenta.»

Ciò fu detto con un sorriso e come per inciso, tanto da passare sicuramente inosservato agli altri commensali. Ma non a Bruno e a me. Poi Brebiette raccontò un aneddoto che da allora ho del tutto dimenticato. Perché aveva bisogno di far sapere a Bruno che nel 1536 egli era a Lione?

La conversazione tornò generale e ciascuno s'intratteneva coi vicini e io parlavo con Brisson della morte, di uno svuotamento dall'alto e dal basso del presidente di Thou soltanto un mese prima. Lui mi disse che la sua morte era in parte da imputarsi alla collera contro il re, il quale gli aveva fatto fare molte cose suo malgrado, nella condanna di Salcède per delitto di Stato e nella sua esecuzione in place de Grève il 27 ottobre. Convenimmo che la cerimonia funebre nella cappella di Thou della chiesa di Saint-André-des-Arts era stata solennissima ma anche lunghissima. Il signor vescovo di Meaux, che officiava ma era anche tesoriere della Sainte Chapelle, fece marciare i cantori in corpo compatto, cantando i sette salmi penitenziali in falsobordone per tutto il percorso, e fu cosa lunghissima. Il corteo passò infatti davanti a Saint-Côme et les Cordeliers, poi lungo rue de la Harpe, dove il re e le regine si trovavano nell'alloggio del prevosto, e infine su quai des Augustins, prima di riprendere passando davanti al palazzo Saint-Denis. Brisson, che reggeva un angolo del drappo funebre, gli altri tre tenuti dal presidente Prévôt e dai signori Anjorran e Chartier, mi disse che col freddo che c'era la passeggiata aveva rischiato davvero di decimare la Camera Alta e anche quella delle Suppliche e che veniva da chiedersi se non si era deciso di ricorrere a quel mezzo per far posto a più giovani e competenti magistrati.

La cena stava arrivando ai dessert con frutti invernali, pere candite, gelatine e mele di Capendu e vino aromatizzato e zuccherato, quando Brebiette disse a mio padre di avere molta strada da fare nella neve che cominciava a cadere e chiese a mia madre il permesso di ritirarsi. Aveva una forte tosse e sembrava davvero sfinito da quelle due o tre ore in società. Che tutti i vecchi di Parigi fossero malati di petto, in quei giorni? Strinse la mano a ciascuno dei presenti, salutò Bruno in italiano, mio padre mandò a chiamare il suo cocchiere al caldo della cucina e lo riaccompagnò alla carrozza.

Dopo la sua partenza la discussione continuò in privato. E tutti a gustarsi ancor più il vino aromatizzato, come per riscaldarsi prima di ritrovare l'esterno. Parlai prima con Brielle dei miei studi a Orléans, dove lui stesso aveva trascorso due anni. Poi con sua moglie, una Hauteville, affascinantissima e bionda, sempre sorridente, gli occhi strizzati e la bocca golosa, il cui petto sprovvisto di ogni fronzolo sembrava, nel vestito cremisi, un frutto esotico raro. Pareva molto innamorata di suo marito. Parlammo dei blocchi di ghiaccio nella Senna e del vetrato sulle strade adiacenti. Pareva che la Bièvre fosse del tutto intrappolata nei ghiacci e che donne e bambini si divertissero a scivolarvi sopra come si fa nel paese di Zelanda. Vidi che Bruno dal canto suo s'intratteneva in italiano con Corbinelli e poi avviava una lunga conversazione con Brisson. Mi disse in seguito che l'argomento era il diritto romano e che Brisson era molto dotto e di mente lucida e non si dava arie. Poi mio zio si accinse a andarsene dando così il segnale per tutti.

Fuori, il freddo pareva aver deciso una tregua e la neve si era messa a cadere, volteggiava e aveva già un certo spessore al suolo. Bruno ringraziò i miei genitori e, munito di una torcia, sprofondò nel buio, dove svanì come un'ombra tremolante. All'interno, i domestici sistemavano tavolo e stoviglie.

Quando augurai la buonanotte a mio padre, lui mi disse questa cosa sorprendente:

«È stato piacevole, ma non capisco perché Brebiette mi ha chiesto di organizzare questa cena e d'invitarvi Bruno. Non è uno che ha l'abitudine di fare le cose a casaccio».

Andai a coricarmi e ripensai più volte alla frase di mio padre.

VII

Mi svegliai più tardi del solito: era effetto del vino aromatizzato? Il buio se n'era andato e la neve aveva cessato di cadere. Dalla mia finestra vedevo i tetti e il suolo della strada tappezzati di bianco che brillavano al timido sole invernale. Avevo fretta di ritrovare Bruno per riferirgli nei particolari ciò che avevo appreso da Delpierre e per commentare la cena della sera prima e la strana frase di mio padre su Brebiette.

Mi trovai dunque molto presto fuori. Regnava un silenzio strano, come se Parigi trattenesse il fiato. Il freddo s'era di nuovo accentuato e aveva ghiacciato la neve, che cricchiava sotto i miei passi e sembrava soffocare ogni tentativo di rumore, tanto quello degli zoccoli o delle ruote dei carri quanto quello delle campane in lontananza.

In rue de Latran, stranamente, la bottega dei Robillard era ancora chiusa. Temevano che il freddo scoraggiasse la clientela? Sulle scale incontrai la signora Robillard che scendeva dalla stanza di Bruno e mi disse:

«Si è riaddormentato e a mio avviso è meglio non disturbarlo».

«Ma perché è coricato? Ha un raffreddamento?»

«Niente affatto, è per quanto è successo stanotte. Ma venite al caldo che vi racconto.»

Entrammo nella stanza sul retro della bottega che

Guillemette stava riordinando. Ma non pensavo tanto a lei quanto a sapere cos'era successo!

«Corpo del diavolo! Cos'è successo?»

«Ebbe', stavamo dormendo, il signor Robillard e io, quando un rumore per le scale ci ha svegliati. Poi ci sono stati come dei rantoli e un graffiare alla porta. Il signor Robillard ha preso un'accetta ed è uscito a vedere. Il povero signor Bruno era steso a terra, intontito. Mio marito l'ha trascinato dentro casa e abbiamo visto che gli usciva sangue dalla testa e aveva un enorme bozzo sul cranio, e poi è svenuto. Eravamo molto preoccupati e l'abbiamo asperso di acqua fredda. Per fortuna respirava ancora. Ha finito con l'aprire gli occhi, ha ripreso più o meno conoscenza e ci ha detto: 'Un colpo dietro la testa mentre chiudevo la porta. Non ricordo nient'altro'. Poi ha chiesto che l'aiutassimo a salire nella sua stanza, ciò che mio marito ha fatto. Quando questi è ridisceso, aveva in mano la cappa del signor Bruno e un pugnale. Ha detto: 'È incredibile, ho appena trovato la cappa infilzata con questo pugnale a un gradino della scala'.»

«Ecco, guardate voi stesso, non ho pensato di riportarli al signor Bruno.»

La signora Robillard mi tese la cappa e una daga spagnola perfettamente affilata. La cappa era effettivamente bucata sulla schiena. Il buco era stretto ma sufficiente per uccidere chi l'avesse avuta addosso.

«Ecco, e stamattina gli ho preparato una tazza di brodo. Mi ha detto che non aveva dormito bene a causa del male al cranio. Dopo aver mangiato, si è riaddormentato. Quanto al signor Robillard, è uscito per avvertire il tenente che avevano cercato di assassinare il signor Bruno.»

Di fatto capivo che non si era voluto uccidere il filosofo, lo si era tramortito e ci si era accontentati di pugnalare il suo mantello.

Ci fu un rumore di passi nella tromba delle scale e il signor Robillard entrò nella stanza.

«Ci siamo, ho finalmente trovato Dagron, arriva tra un momento.»

La signora Robillard ci servì una tazza di latte caldo e io guardai infine Guillemette, che non avevo mai visto la mattina così presto, con la faccia appena uscita dal sonno. Il latte le disegnava dei bellissimi baffi bianchi sottili che lei impiegava un tempo lunghissimo a pulire. Poi sentii dei passi rumorosi per le scale e capii che Dagron saliva da Bruno. Abbandonai la famiglia Robillard e portai con me la cappa e la daga-ricordo. Arrivai che Dagron si era appena tolto i mantelli. Portai le due poltrone accanto al letto. Dagron gli disse:

«Allora, hanno cercato di bucarvi la pelle?»

«No, e non si tratta nemmeno di punizione. Mi hanno fatto capire che, se avessero voluto farlo, non ci sarebbe stata alcuna difficoltà. Ma ci si è accontentati di stordirmi appena.»

«Com'è successo?»

«Sono tornato da cena verso le dieci, nevicava e le strade erano deserte. Ho aperto la porta e, nel momento in cui ero voltato verso questa per richiuderla, mi è arrivata una randellata sulla testa. Forte quanto basta per tramortirmi, ma non per uccidermi. Non ho assolutamente visto altro che scintille. Non mi ricordo niente fino al momento in cui il signor Robillard mi ha tirato su. È stato lui a trovare la cappa pugnalata contro uno scalino.»

Dagron esaminò i due oggetti che gli tendevo.

«Come siete salito da voi?»

«Sorretto dal signor Robillard, che mi ha aiutato a sdraiarmi. Ho dormito malissimo.»

«E stamattina?»

«Ancora mal di testa e un bernoccolo.»

Si tolse il berretto da notte e si chinò perché vedessimo la protuberanza messa ben in evidenza dalla tonsura.

«Ecco, niente di molto grave, ma abbastanza doloroso.»

«Cosa vi hanno rubato?»

«Cosa volete che mi rubino? Tutto ciò che possego si trova nella mia testa, quella che si è tentato di ammaccare.»

«A che cena eravate?»

Bruno sorrise.

«Vi assicuro, tenente, che non ero né in una bisca a giocare a dadi con canaglie che avrebbero potuto prendersela a male nel vedermi vincere, né al bordello con i pericoli che ne possono conseguire. Ero in una casa onestissima, in compagnia di un primo presidente, di un presidente di Parlamento, di due referendari e un procuratore. Tanti testimoni così insospettabili possono d'altronde sembrare sospetti, ma alla fin fine sono io la vittima.»

Precisai a Dagron che la cena aveva avuto luogo dai miei genitori.

«Avete notato qualche tipo losco, avvicinandovi al Drappo d'oro?»

«Né losco né rassicurante, per la buona ragione che la strada era totalmente deserta. Per venire da casa Hennecquin devo aver incrociato due o tre borghesi visibilmente frettolosi di tornarsene al calore del focolare, e basta. Era troppo freddo per i malintenzionati.»

«Insomma, almeno uno che sfidasse la neve c'è stato.»

«Non è un vero farabutto, è un uomo che ha ricevuto una missione e l'ha compiuta.»

«Ma bisognava anche sapere che voi eravate fuori e sareste rientrato a quella certa ora.»

«Era facile verificare che non ero in casa, non chiudo mai la porta, e il fuoco nel caminetto suggeriva che sarei tornato. Bastava essere discreti e pazienti. Tutto dipende dal numero di scudi ricevuti per questo. In ogni caso, assassinando la mia cappa si è voluto dirmi qualcosa, ma non so cosa.»

«E ciò avrebbe un legame con la casa del Gallo?»

«Non saprei, ma credevo che i Mazzotti fossero lontani, e non me li figuro a preoccuparsi di me dall'Italia.»

Dagron sorrise.

«I Mazzotti sono un'ipotesi. Non è la sola e pensavo che dovessimo riparlarne.»

«Ben volentieri, ma lasciatemi qualche ora per riprendermi. Tornate a pranzo con noi. Chiederò alla signora Robillard di prepararci qualcosa. È un'eccellente donna di casa.»

«Volete che vi mandi una delle mie guardie per custodire la vostra porta?»

«Grazie, no davvero. Non ci tengo a farmi notare nel quartiere e poi invero non rischio niente. Se avessero voluto uccidermi stanotte, lo avrebbero fatto, e si è appunto voluto farmelo capire.»

Dagron se ne andò e io mi accinsi a seguirlo, ma Bruno mi fece cenno di restare.

«No, rimani, volevo per l'appunto avere il tempo di parlare con te. Anzitutto dimmi nei particolari della tua conversazione con Delpierre.»

Gli descrissi la mia visita e come avevo saputo dell'estinzione della famiglia Montecuculli.

«E se la sorella avesse avuto figli?»

«Penso che Delpierre l'avrebbe saputo, e poi perché dei nipoti si sarebbero assunti tanti rischi, dopo tanti anni, per uno zio che non hanno mai conosciuto? Per giunta, risalire a Heucqueville avrebbe richiesto una vera e propria indagine.»

«A meno di rivolgersi a uno di quei vecchi dal passato lionese che, invece, sono perfettamente informati.»

«Abbiamo anche parlato dei Mazzotti figli. Delpierre li conosce benissimo, li ha evidentemente aiutati a fare i loro affari a Parigi e mi ha spiegato che non c'entravano punto col massacro.»

«Perché?»

«Non erano a Parigi per quello!»

«E la loro partenza precipitosa?»

«Sono stati convinti, e si è dovuto insistere. E la mia impressione è che sia stato lo stesso Delpierre a incaricarsene, essendo sicuro che, per quanto innocenti, rimanere a Parigi fosse assai rischioso per loro.»

Bruno tacque. Alcuni raggi di sole, superando l'ostacolo dei tetti vicini, illuminavano la stanza.

«Difatti, qualcosa mi sfugge. Dopo la tua visita a Grandjon ho l'impressione che ci si faccia beffe di noi, che non siamo più noi i padroni del gioco.»

«Sapete il perché di quella cena ieri sera da mio padre?»

E gli riferii ciò che mi aveva detto di Brebiette.

«Ma perché ha chiesto questo servizio a tuo padre? Sicuramente non perché io assistessi alle sue tenzoni oratorie con Brisson. Difatti la partita è cambiata da quando Grandjon ti ha messo sulla pista Montecuculli. Quei vecchi dal passato lionese e che pure non hanno a cuore Heucqueville hanno l'apparenza di cachettici, ma sono tutt'altro che rincitrulliti e sembrano vigorosi quanto basta per avere ogni volta qualche mossa d'anticipo su di noi.»

«E la vostra aggressione di ieri?»

«Un tirapiedi, un professionista che ha eseguito scrupolosamente ciò per cui è stato pagato.»

«Per scoraggiarvi?»

«Niente affatto, né per eliminarmi. Per dirmi qualcosa che ancora non riesco a decifrare. Ma adesso lasciami un po' solo prima di ricevere Dagron. Tutto accusa i Montecuculli, il solo problema è che non ci sono più Montecuculli. E siccome non credo agli spiriti vendicatori... È come un problema di geometria sul quale ci si impunta: la mente umana si ostina e torna venti volte a cozzare contro l'ostacolo seguendo sempre lo stesso solco, mentre bisognerebbe cambiare completamente il modo di approccio. Sai, come quando perdi un oggetto e sei capace di cercarlo dieci volte in un punto dove hai già accertato che non c'è. Invece, basta fare il vuoto nella mente e rivivere tutti i gesti che possono aver portato alla perdita dell'oggetto. È quello che devo fare io. Sono i Montecuculli e non ce ne sono più. È tutto qui, e bisogna uscirne.»

Passai dai Robillard e chiesi alla signora di preparare un passato di piselli, di far arrostire un cappone e cercare qualche bottiglia di vino di Précy. Dagron era evidentemente poco portato per l'acqua di fonte. La donna mi promise di pensare a ogni cosa.

Passeggiai per un'ora nel quartiere tappezzato di un insolito manto bianco. Con la neve tutto sembrava diverso, la minima stradina era una miniatura dei Limbourg o di Bourdichon. I passanti erano rari e gli animali di solito numerosissimi erano scomparsi, forse sepolti al riparo.

Vinto dal freddo, entrai nella chiesetta di Saint-Hilaire-du-Mont all'angolo con rue des Carmes. Stranamente ci trovai William, che aveva avuto la mia stessa idea di rifugiarsi lì. Mi disse che partiva l'indomani per il suo paese, avendo incontrato un gruppo di compatrioti ed essendo il viaggio più sicuro in molti che da solo. Mi chiese di salutare il mio maestro da parte sua e soprattutto di avvertire lui, William, casomai Bruno fosse capitato a Londra, come gli aveva detto di avere intenzione di fare. Disse anche che, se l'avessi accompagnato, sarebbe stato felice di rivedermi. E si rammaricò che non avessimo mai potuto conversare a lungo e mi domandò di cosa mi occupavo. Quando gli parlai di diritto canonico, lui rimase silenzioso per lo scarso interesse e non poté camuffarlo di buona creanza. Ciò che mi parve strano per un futuro attore. Confesso di non riuscire a capire bene l'attenzione che egli ha destato nel mio maestro. Non basta aver preferito Ovidio e Plutarco alla macellazione dei bovini per essere sicuramente qualcuno di spicco. A meno che non fosse per fedeltà a John Florio. Ci augurammo di rivederci, convinti l'uno e l'altro che non sarebbe successo e non dandogli importanza. A vero dire, mi stupirei proprio se qualcuno sentirà mai parlare di lui.

Tornai per trovare Bruno e Dagron intenti a conversare, nell'attesa che la signora Robillard, che aveva preparato la tavola e portato su il vino, servisse loro il pasto.

«Allora» gli domandò Bruno, «avete fatto progressi sulla pista dei Mazzotti?»

«No, non proprio, e ho soltanto vaghissime notizie

da Lione circa il ruolo di Heucqueville nel processo di Montecuculli. Ma ho fatto progressi altrove.»

E approfittò del pretesto del passato che la signora Robillard aveva appena servito per lasciare la frase a mezz'aria. Bruno pareva valutare la situazione e decise evidentemente che informare Dagron sul caso Montecuculli non gli avrebbe fatto guadagnare molto tempo, ma in compenso avrebbe dimostrato il suo spirito di collaborazione.

«Difatto, cos'avete saputo?» domandò a Dagron.

«Ebbe', sapevo della morte del Delfino e dell'esecuzione del suo coppiere, ma ignoravo la voce sul processo e il ruolo che vi avrebbe avuto Heucqueville. E soprattutto che la colpevolezza di Montecuculli poteva suscitare dubbi. Voi cosa ne pensate?»

Bruno riprese le nostre argomentazioni contro la colpevolezza dell'italiano. Vuoi con le questioni di buonsenso sui suoi interessi, vuoi coi dubbi su un possibile avvelenamento da arsenico. Poi si servì delle mie conversazioni con Grandjon e Delpierre per dargli un'idea dell'atmosfera particolarissima di quell'epoca e dello smarrimento di tutti nel cercare una ragione artificiosa a quella morte. E l'autopsia che non aveva rivelato nulla e il re che non voleva crederci.

«E per voi una simile ingiustizia renderebbe la vendetta plausibile e spiegherebbe le sue singolarità?» domandò il tenente.

«Sì, completamente. Il corvo per esempio non è un semplice segno di vendetta, è anche il simbolo di Lione, e il *Ricorda Lione* è così più coerente.»

«Resta da sapere chi ha potuto eseguirlo o farlo eseguire. Ci sono figli o parenti prossimi?»

«Montecuculli aveva figli, ma che fine hanno fatto?»

Dunque Bruno aveva deciso di tenere per sé qualche vantaggio. Notai che non parlava dell'epigramma di Heucqueville.

« E le cose hanno fatto progressi in quale direzione? »

Dagron era buon giocatore e rispose di buon grado:

« Le voci sui tirapiedi si sono precisate. Le informazioni provenienti da fonti diverse concordano e vanno nella stessa direzione. C'è stato un contratto, e si comincia a veder circolare degli scudi d'oro nei bordelli, nei bagni pubblici e nelle bische, in abbondanza insolita in certe mani. Avrò presto l'elenco dei raitri e soldatacci che avranno distribuito monete fresche di tasca loro. Così fresche da rivelarsi impazienti di uscirne. E dopo, a me scoprire il committente. Non mi stupirebbe scoprire anche, su quest'onda, chi vi ha tramortito e ha pugnalato il vostro mantello. Abbiamo interrogato il vicinato e nessuno ha sentito o visto niente di sospetto. Tutti avevano le persiane chiuse, del fieno sotto le porte, degli stracci sulle finestrelle, il naso sotto le coperte e ascoltavano il fuoco crepitare nel focolare. A proposito, come va il vostro cranio? »

« Meglio. È stato un vero e proprio lavoro di cerusico, che ti tramortisce leggermente per impedirti di soffrire per il bisturi o lo scalpello. Dunque, voi pensate di identificare i malfattori implicati? »

« Senza meno, basta avere metodo e un po' di tempo. Andranno necessariamente a far mostra del denaro a persone che hanno tutto l'interesse a venirmelo a riferire, dopo occorreranno delle conferme per evitare accuse fallaci e vendette personali, ma domani avrò un elenco. »

« Ma perché spendono? »

« Cosa volete che facciano? Non sono tipi da pensare a vitalizi o da tornare al paesello ad assistere i loro vecchi genitori indigenti. Guadagnano denaro per spenderlo, e dove spenderlo meglio che a Parigi? Per giunta, la folla dà l'illusione dell'anonimato, mentre in effetti è nei luoghi malfamati che la polizia è davvero a casa sua.»

«E quando li avrete identificati?»

«Sarà facilissimo. Conoscerò il nome del o dei mandanti.»

«Con la violenza?»

«Nemmeno. Semplice questione di accomodamento. Niente per niente.»

«Si salveranno la vita?»

«No, comunque no, ma avranno la sicurezza di perderla al miglior prezzo, senza le complicazioni terribili di cui la nostra giustizia è così ghiotta. Nessuno vi resiste, si tratta di gente che ha fatto troppo soffrire per ignorare di cosa si tratta e non cercare di sottrarvisi con un piccolo tradimento ormai senza importanza per loro. D'altronde, da qui a poco saprò se la pista Montecuculli è attendibile. Ci sono ancora dei figli sulla cinquantina la cui vita è stata rovinata dall'esecuzione del padre, e che hanno serbato anche a distanza di tanti anni l'energia di vendetta. Ma non mi è stata segnalata la presenza di alcun Montecuculli a Parigi, quantunque da una settimana in qua si stuzzichi il brulicame degli italiani insediati qui da noi. E tutto è stato fatto in maniera troppo studiata alla casa del Gallo per essere stato ordito da lontano. Si tratta di qualcuno del posto. Oppure sono i Mazzotti, ma ammetto che questo non quadra perfettamente, e poi, se hanno pensato a tutto e incaricato degli assassini prezzolati, perché non aver tagliato la corda? Potevano andarsene prima. A proposito, non mi avete detto come la pista Montecuculli spiegherebbe il pugnale nel culo.»

Vidi dalla reazione di Bruno che egli non era vissuto in un convento per niente. Assunse un'aria melliflua come per scusarsi della propria incapacità a rispondere:

«Non ho ancora scoperto, ma non dispero».

Poi sbadigliò e si passò la mano sul retro della testa chiudendo gli occhi per la stanchezza. Dagron, naturalmente, gli propose di lasciarlo riposare. Ci lasciò dandoci appuntamento per l'indomani. Bruno si stese mentre la signora Robillard sbarazzava la stanza dal disordine del pranzo.

«Senti, Jean. Stamattina, dopo che te ne sei andato, ho rimesso ordine in tutto, e la conversazione con Dagron mi ha dato l'ultimo elemento che mi mancava. Dunque, credo di aver capito. Ma oggi non posso funzionare di continuo, dunque lasciami fare la siesta. Va' a far la corte a Guillemette o a un'altra e torna a trovarmi. Ti darò la mia spiegazione e penseremo all'atteggiamento da tenere. L'attentato di ieri sera serviva soltanto a mettermi sulla pista.»

«Mettervi sulla pista... un modo un po' insolito!»

«Sì, ma se la mia teoria si rivela giusta nulla in questo caso è banale, ed è per questo che a un certo punto occorre cambiare logica.»

«Cosa intendete dire?»

«Qualcuno ha preso alla lettera il Libro di Isaia: 'Nella disgrazia del suo gregge Dio non dimentica alcuna delle sue pecore'. A tra poco.»

Tornai da lui a notte fatta, il suo volto aveva ripreso colore e i suoi occhi scintillavano. Era seduto sulla poltrona, la schiena alla bella fascina ardente nel caminetto, come la prima volta che ero entrato da lui.

«Dunque, da quando hai visto Grandjon non siamo più padroni del gioco. Questi vecchi scaracchianti, che paiono avere un piede nella fossa e l'altro nella Lione del '36, ci mettono su piste che hanno accuratamente preparato. E ieri sera è stato il tocco finale: Brebiette organizza una cena in casa di tuo padre, una buona mossa, perché gli permette di dire come suo solito le cose senza dirle ma facendomele intendere.»

«Ho sentito come voi ciò che ha detto, ma forse meno bene di voi ciò che ha omesso.»

«Anzitutto mi ha ricordato che parla italiano bene quanto me. Poi, senza alcun motivo, ci ha fatto sapere che era a Lione nel '36 e che sapeva che tu ti eri incontrato con Grandjon e Delpierre. Tutta la conversazione, gli aneddoti, le frecciatine contro Brisson erano soltanto copertura di questa informazione.»

«Dunque vi ha invitato l'indomani della mia visita a Grandjon, che probabilmente gli ha riferito la nostra conversazione.»

«Sì, anzitutto mi ha fatto andare a casa sua e mi ha fatto capire che la sa lunga sulle mie mosse e che ha conosciuto Dagron ancora damerino. E poi Delpierre e poi la cena di ieri sera, e infine, per confermare che sono su una buona pista, un bernoccolo sulla tonsura. Infatti, chi sapeva con precisione dov'ero, per aver chiesto a tuo padre d'invitarmi, e dunque in quale momento sarei rientrato?»

«Quindi il fatto di ieri sera è da imputare a Brebiette.»

«Per me, una volta inquadrato l'incidente, non c'è alcun dubbio. E, questo, qualche ora dopo avermi fatto sapere che si trovava a Lione e come procuratore. C'è un legame tra ciò che mi ha detto a cena e l'accoglienza che mi aspettava al mio ritorno. E lui sapeva benissimo che, dopo averci pensato un po' su, avrei capito da chi veniva. Trovo che tutti questi cachettici siano molto arzilli nello spirito. Pensa a come ieri sera, nonostante la non verde età, la tosse e l'affanno, Brebiette dominava l'uditorio. Al suo spirito non manca davvero il fiato. E da quanto mi hai detto delle tue conversazioni con Grandjon e Delpierre, ho avuto la stessa sensazione di vecchi corpi logorati dall'età e di intelligenze dal polpaccio teso e veloce.

«In verità qualcosa è scattato a pranzo, quando Dagron ci ha detto di essere sicuro che gli Heucqueville erano stati uccisi da dei sicari. Non ci sono più Montecuculli, ma cosa impedisce che qualcuno abbia deciso di ritenersi responsabile, come Dio lo è di ogni singola pecorella, e di dover fare giustizia per una sorta di obbligo morale? Il nostro ragionamento era giusto, ma ci siamo fissati sull'assenza di eredi Montecuculli. Non abbiamo pensato che qualcuno, in nome di una certa etica, poteva accollarsi il retaggio della vendetta e, quantunque estraneo alla famiglia, decidere che quella ignominia non doveva restare impunita. Dunque penso che quando Dagron arresterà i sicari, verrà a sapere che il mandante è stato primo presidente. E, o vi sarà scandalo, o Dagron è legato a filo doppio con Brebiette e deciderà altrimenti, e gli assassini morranno, prima di poter parlare con qualcun altro, per un increscioso incidente, per esempio durante un tentativo fallito di evasione. Sono le due sole soluzioni che vedo, e tuttavia c'è qualcosa che mi rode.»

«Cosa?»

«Se le cose stanno così, perché avermi indicato, e pesantemente, che ero sulla buona pista? E poi Brebiette ha ancora del vantaggio e ha sicuramente fatto il mio stesso ragionamento su Dagron. D'altronde ha già previsto che avrei fatto anche *questo* ragionamento. Dunque, anche qui qualcosa mi sfugge.»

«E Grandjon e Delpierre in tutto questo?»

«Forse non sono formalmente al corrente, ma tutti sono rimasti sconvolti dal caso Montecuculli e probabilmente si vergognano di quella loro passività al momento del processo e dell'esecuzione. Si sono sentiti mortificati, ne hanno spesso discusso, hanno invocato la giustizia divina, hanno architettato, dopo aver ben bevuto, piani illusori di vendetta immanente senza pensare di passare davvero all'azione, un giorno. L'assassinio dei Mazzotti dieci anni fa e le voci su Heucqueville devono aver rinfocolato la loro indignazione. E adesso i Mazzotti figli a Parigi! Sanno qualcosa di più, hanno dei sospetti? Non saprei dirlo. Anche se fosse, non credo che l'idea che uno di loro abbia deciso di farsi giustizia da solo possa turbarli. Ma il più intelligente, il più organizzato, il più temibile perché in grado di decidere che la sua giustizia va al di là di quella dubbia degli uomini e di quella incerta di Dio è Brebiette. Dunque lui sa che io andrò a trovarlo, e sa che io so che lui sa, e mi irrita sentirmi spostato su una scacchiera come un pedone, e tuttavia ci andrò perché è la sola cosa da fare. Sa anche che non aspetterò domattina: Dagron non ci ha forse detto tutto e diffido di lui. Quando si mette in moto, quello può andare di fretta. Dunque Brebiette mi aspetta stasera e io non deluderò la sua attesa. Indosserò roba pesante e andrò da lui, a riferirgli le mie conclusioni e constatare ciò che sicuramente lui ha già deciso di fare.»

«Ma il vostro cranio?»

«Oh! È quasi dimenticato, soprattutto se tengo la

testa al caldo sotto il berretto. E poi uscire mi farà bene, comincio a intorpidirmi.»

«Sapete che la temperatura si è ancora abbassata. Posso accompagnarvi?»

«Non avrei osato chiedertelo.»

Mentre si preparava ad affrontare il freddo, io m'infilai di nascosto nelle brache la daga spagnola della sera prima.

Il freddo stavolta era straordinario, come mi sembrava di non aver mai sentito in vita mia, e anche a memoria d'uomo. I nostri petti erano come oppressi, la pelle ci pungeva sotto gli indumenti, il berretto calcato fino agli occhi, la testa sotto i cappucci, tremavamo sotto le nostre cappe e mantellette, troppo occupati a lottare per fare lo sforzo di parlare.

Prendemmo per rue Bruneau e rue Saint-Hilaire. A Saint-Etienne-du-Mont doveva essere in corso una cerimonia perché la chiesa, per quanto incompiuta, era tutta illuminata all'interno e si sentiva l'eco dei salmi cantati a squarciagola. Poi rue Bourdelle e la porta, che contrariamente al solito era deserta, e infine i fossati Saint-Victor. Dopo un centinaio di passi, Bruno mi fece segno di attraversare e si diresse verso una casa imponente con la strana insegna delle Tre bilance.

«Volete che vi lasci solo?»

«Vedremo come si mettono le cose, ma in ogni modo starai meglio all'interno.»

Bussò col picchiotto alla porta e un domestico venne ad aprirci. Sentendo che Bruno desiderava vedere il presidente, rispose che questi era nella sua biblioteca e aveva raccomandato di non essere disturbato.

«Sono qui su sua richiesta» disse Bruno, «e voi dovreste quantomeno avvertirlo. È importante.»

Il domestico valutò la situazione e decise che il rischio minore era quello di avvertire discretamente il padrone della presenza di Bruno. Ci portò in un salottino che illuminò per noi, ma nel quale non faceva molto caldo. In capo a qualche minuto d'attesa, sentimmo delle porte sbattere e dei passi precipitosi in corridoio. Poi delle urla e una vera e propria cavalcata. Bruno aprì la porta e io portai la mano alla daga. Uscimmo dal salotto. Tutto il personale della casa, fantesche, domestici, maggiordomo, era in subbuglio. Nessuno badò a noi fino al momento in cui incrociammo il domestico di poco prima.

«Il presidente è morto; insomma, così pare. Ho mandato a chiamare un medico. Ma, se volete entrare in biblioteca, forse potrete dare una mano.»

«Cos'è successo?»

«Ho bussato alla porta e, non avendo risposta, ho finito con l'entrare, la stanza era vuota. Mi sono accorto che la porta che dà sul giardino era socchiusa. Sono uscito e lì, a una quindicina di passi, ho trovato il presidente steso a terra, già coperto da uno strato di nevischio. Deve aver avuto una sincope a causa del freddo. Ciò che non capisco è perché è uscito in camicia. Ho ritrovato i suoi indumenti da casa in un angolo della biblioteca.»

Bruno entrò e io lo seguii. Due fantesche si trovavano accanto al presidente steso su un divanetto sotto una coperta. Aveva le palpebre chiuse, il colorito terreo, ancora un po' di brina nei capelli, il suo naso era serrato e la bocca socchiusa. Bruno si avvicinò, alzò la coperta, posò l'orecchio sul petto, poi prese il braccio adagiato lungo il corpo e tastò il polso. Rimise a posto la coperta.

«È morto e non c'è più nulla da fare. Ha famiglia?»

«Suo nipote Pierre, che abbiamo mandato a chiamare.»

«Andiamocene, non serve a niente restare qui.»

Passando accanto al tavolo da lavoro, Bruno dette un'occhiata. Il tavolo era sgombro, nel suo centro si trovava uno spesso fascio di fogli che poteva essere il manoscritto del suo trattato. Mi chinai a leggere la prima pagina che conteneva in forma di titolo: *De Iustitia Humani et Iustitia Dei.* Lasciammo la casa delle Tre bilance e rifacemmo la strada in senso inverso senza dire una parola. Volevo lasciare Bruno sotto casa sua, ma lui insistette perché salissi a bere un ultimo vino caldo.

Giunto nella sua stanza, tacque per un momento.

«Non si è primo presidente se non si ha una certa tendenza all'apparato e alla messinscena. Brebiette ha concluso la sua vita rendendo giustizia, senza curarsi degli uomini e senza fidarsi di Dio. E non ha voluto lasciare a nessun altro che a sé il compito di decidere della sua sorte. È cosa di un immenso orgoglio. Ha sacrificato allo spettacolo che aveva ideato le poche settimane o mesi inutili che gli restavano da vivere. Dagron troverà gli assassini, otterrà il nome del mandante e avrà una grave crisi di coscienza. Non sarà più problema del presidente laddove si trova, né nostro. Torniamo ai nostri lavori. *Vale.*»

Uscii dalla stanza e cominciai a scendere i gradini con cautela. Giunto al primo piano, sentii, provenienti dall'ingresso, dei sospiri e un sordo stropiccio di indumenti. Ripresi a scendere e a pochi gradini dal fondo della scala ebbi appena il tempo di scorgere due forme abbracciate che al mio arrivo si separarono con un'agitazione di colombi, prendendo subito il volo.

Una varcò rapidamente l'uscio e sparì nell'ombra della strada, l'altra aprì la porta interna dei Robillard e per un momento la sua figura si stagliò nella cornice illuminata. Poi, le due porte richiuse, tutto tornò a essere oscurità e silenzio. Era stato come il balenio, la fantasticheria di un sogno. Dunque la fresca e pura Guillemette aveva uno spasimante che andava a sfregarsi contro di lei nel buio e nel freddo della scala... Sapevo che l'apparenza delle cose inganna, scoprii brutalmente che succedeva lo stesso con le giovinette innocenti.

«Anno 1582. In questo mese di dicembre, il lunedì del diciannovesimo di detto mese, morì a Parigi il presidente Brebiette, rispettato da tutti quale buon giustiziere e degnissimo della carica e del rango che deteneva nella repubblica. Forte d'animo e, cosa non comune, giudice incorrotto e intelligente, era tra gli 85 e gli 86 anni e aveva sempre maniere splendide, e una lingua ratta come artiglio felino, agile di mente quanto fermo di carattere e ricco tanto di scudi quanto di scorte libresche. E la sua morte parve assai singolare: trovato in camicia nel suo giardino nel giorno più freddo del secolo. E tutti a chiedersi se fosse stato colto da un bisogno impellentissimo nei vecchi o se uno scatto della ragione lo avesse indotto a uscire con quel tempo invernale come in una sera estiva. Dell'insegna delle Tre bilance della sua casa, alcuni dicono: erano, quelle sopra, giustizia degli uomini e giustizia di Dio, assai grande, e quella sotto giustizia Brebiette.»

Pierre de l'Estoile, *Mémoires, journaux*, Parigi, Librairie des Bibliophiles et Lemerre, 1875, 12 voll. in-8°.

Non ci si può rivolgere con qualche speranza di serietà al passato senza essere debitori a chi ci ha preceduti. L'autore di questa traduzione intende dunque segnalare i suoi debiti verso gli specialisti di Bruno: Vincenzo Spampanato, Emile Namer, Bertrand Levergeois, Rita Sturlese, Giovanni Aquilecchia, Michele Ciliberto ecc., e ovviamente verso la notevole edizione delle opere complete in corso di stampa per le edizioni Les Belles Lettres sotto la direzione di Yves Hersant e Nuccio Ordine.

Quanto al periodo degli ultimi Valois, la riconoscenza dell'autore va in special modo a Jacqueline Bouchet (*Societé et mentalité autour de Henri III*), Henri Chevallier (*Henri III*), Jean-Marc Constant (*La Ligue, La Vie quotidienne au temps des guerres de Religion*), Denis Crouzet (L*es Guerriers de Dieu, La Nuit de la Saint-Barthélemy*), Jean-François Solnon (*Henri III*), e infine alle opere già antiche ma sempre indispensabili di Marcel Poète (*Une vie de cité. Paris de sa naissance à nos jours)* e Pierre Champion *(La Jeunesse de Henri III, Henri III roi de Pologne, Paris sous les derniers Valois*, ecc.). Infine, l'opera di Gabriel Audisio, *Les Vaudois*, mi è stata utilissima per capire le sottigliezze teologiche enunciate da Bruno sui valdesi.

MARÍA ORUÑA

UN POSTO DOVE ANDARE

Sul sito di un'antica fortezza medievale viene ritrovato il cadavere di una giovane donna: dall'abbigliamento pare una principessa venuta dai secoli bui. Un caso che si presenta fin da subito complicato per la tenente Valentina Redondo, anche perché la «principessa» non mostra alcun segno di violenza e stringe fra le mani una moneta cinquecentesca...
Diventa difficile, stavolta, per la rigorosa Valentina e la sua squadra non smarrirsi nei meandri della Storia, quando una moneta del tutto simile viene ritrovata addosso a un uomo annegato in una vicina palude e la vita della stessa tenente viene scossa dall'improvvisa comparsa dell'ex fidanzata del «suo» Oliver, tornata dall'India imbottita di misticismo orientale e integralismo ambientalista...
Ancora una volta, María Oruña intreccia con abilità le indagini di Valentina e le vicende passate, che in questo caso vedono protagonista un assortito gruppo di archeologi, geologi, avventurieri. Sino allo scioglimento in cui la magistrale costruzione si rivela e ogni filo dell'ingarbugliata matassa conduce allo stupefacente finale.
Un posto dove andare è la conferma del talento di una grande giallista. Per chi già la conosce, una felice occasione per rivedere all'opera l'irresistibile Valentina Redondo; per chi ancora non la conoscesse, il momento giusto per incontrarla e affezionarsi a lei.

PONTE ALLE GRAZIE

BENOÎT PHILIPPON

LA CENTENARIA CON LA PISTOLA

Un piccolo villaggio nel Massiccio Centrale francese. L'alba. Risuonano degli spari. Un'anziana signora ha imbracciato la doppietta e si è messa a far fuoco contro il vicino di casa, poi contro i poliziotti sopraggiunti. È così che l'ispettore André Ventura incontra la centoduenne Berthe Gavignol, cinque volte vedova, ancora piuttosto arzilla e ancora dotata di buona mira. Nell'interrogatorio che segue, l'ispettore e il lettore impareranno a conoscere la vivace vecchietta dalla lingua affilata e dal grilletto facile, indotta a ripercorrere gli episodi principali della sua lunga vita e della sua carriera criminale. Chi è stata davvero Berthe: una serial killer, una sorta di Barbablù al femminile o una donna libera, una femminista ante litteram, capace di conquistarsi l'emancipazione a colpi di pistola? Di certo è un personaggio memorabile; e Benoît Philippon, dandole voce, è riuscito a creare un giallo unico, che avvince il lettore dalla prima all'ultima pagina, fa molto ridere, commuove a volte e dà anche parecchio da riflettere.

PONTE ALLE GRAZIE

FSC
www.fsc.org
MISTO
Carta
da fonti gestite in
maniera responsabile
FSC® C005461

Finito di stampare
nel mese di aprile 2024
per conto della Adriano Salani Editore s.u.r.l.
da Rotolito S.p.A. – Seggiano di Pioltello (MI)
Printed in Italy